Theodor Kipp

Quellenkunde des römischen Rechts

Theodor Kipp

Quellenkunde des römischen Rechts

ISBN/EAN: 9783743628151

Hergestellt in Europa, USA, Kanada, Australien, Japan

Cover: Foto ©Suzi / pixelio.de

Weitere Bücher finden Sie auf **www.hansebooks.com**

QUELLENKUNDE

DES

RÖMISCHEN RECHTS.

ZUR EINLEITUNG
IN DAS STUDIUM DER INSTITUTIONEN UND DER
RÖMISCHEN RECHTSGESCHICHTE

DARGESTELLT

VON

DR. JUR. THEODOR KIPP,
PROFESSOR AN DER UNIVERSITÄT ERLANGEN.

LEIPZIG.
A. Deichert'sche Verlagsbuchh. Nachf.
(G. Böhme).
1896.

Vorwort.

Das anspruchslose Buch, welches ich hiermit vorlege, hat sich zur Aufgabe gestellt, die Quellenkunde des römischen Rechts, d. h. die Lehren von den Entstehungsformen und der Überlieferung desselben in einer auf das Bedürfnis der Studierenden berechneten Weise darzustellen. Diese Lehren müssen am Anfange des Studiums erörtert werden, bilden aber eine Bürde, welche, wie es scheint, die Institutionenlehrbücher in ihrem vollen Umfange nicht tragen mögen und wohl auch nicht tragen können, während man auf die vorhandenen Rechtsgeschichten aus verschiedenen Gründen, insbesondere auf die von Karlowa wegen ihres Umfangs, den Anfänger nicht wohl anweisen kann. Auch Krüger's Geschichte der Quellen und Litteratur des römischen Rechts ist nicht für Anfänger geschrieben. Deshalb habe ich versucht, die Quellenkunde in diesem kleinen Buche knapp zusammenzufassen, zunächst um dasselbe bei meinen Vorlesungen benutzen zu können, zugleich freilich in bescheidener Hoffnung, es möge auch anderen Lehrern für ähnlichen Zweck, Studierenden für Selbstunterricht und Nachschlagen brauchbar erscheinen. Von dem Vorrecht, welches man den Institutionenlehrbüchern längst zuerkennt, Quellen und Litteratur nur soweit anzuführen, als sie es ihren Zwecken dienlich finden, habe ich auch in dieser Darstellung Gebrauch machen zu dürfen geglaubt.

Erlangen, November 1895.

Theodor Kipp.

Inhalt.

Th. Mommsen, römisches Staatsrecht. 3 Bde. (Marquardt-Mommsen, Handbuch der römischen Altertümer B. 1—3.) B. 1. 2 in 3. Aufl. und B. 3, 1 Leipzig 1887. B. 3, 2 das. 1888.

Th. Mommsen, Abriss des römischen Staatsrechts (Binding's Handbuch der deutschen Rechtswissenschaft I, 3). Leipzig 1893.

M. Wlassak, Kritische Studien zur Theorie der Rechtsquellen im Zeitalter der klassischen Juristen. Graz 1884.

P. Jörs, römische Rechtswissenschaft zur Zeit der Republik. 1. Thl. Bis auf die Catonen. Berlin 1888.

H. H. Fitting, Über das Alter der Schriften römischer Juristen von Hadrian bis Alexander. Basel 1860.

W. Kalb, das Juristenlatein. 2. Aufl. Nürnberg 1888.

— — Roms Juristen, nach ihrer Sprache dargestellt. Leipzig 1890.

Th. Schimmelpfeng, *Hommel redivivus* oder Nachweisung der bei den vorzüglichsten älteren und neueren Civilisten vorkommenden Erklärungen einzelner Stellen des Corpus Juris Civilis. 3 Bde. Cassel 1858/59.

B. Brissonius, *de verborum quae ad ius civile pertinent significatione*, zuletzt bearbeitet von Heineccius. Halle 1743.

H. E. Dirksen, *manuale Latinitatis fontium iuris civilis Romanorum*. Berlin 1837.

H. G. Heumann, Handlexikon zu den Quellen des römischen Rechts. 8. Aufl. von Thon. Jena 1895.

— — —

Die Anführungen aus der Zeitschrift der Savigny-Stiftung für Rechtsgeschichte (Weimar 1880 ff.) beziehen sich auf die romanistische Abteilung.

§ 1. Einleitung.

Von Quellen des Rechts spricht man in einem doppelten Sinne: Entstehungsquellen und Erkenntnisquellen.

Erstere sind die Quellen, aus denen das Recht fliesst, also genau genommen die Faktoren, von denen die Rechtsbildung ausgeht, Volksversammlung, Prätor, Senat, Kaiser, Juristen, Gerichte; auch das Volk, indem es im Verkehr durch seine Übung Rechtssätze bildet. Gewöhnlich aber versteht man unter Rechtsquellen nicht diese schöpferischen Faktoren des Rechts, sondern nennt, jene überspringend, die von ihnen ausgehenden A k t e , durch welche sie Recht schaffen, die Quellen des Rechts: Gesetz, Edikt, Senatuskonsult, Konstitutionen der Kaiser, die gemeine Meinung der Juristen, die Rechtsgewohnheit in der Praxis der Gerichte und im Verkehr der Rechtsunterthanen.

Erkenntnisquelle des Rechts ist alles, woraus wir die Kenntnis des Rechts schöpfen. Weitaus die Hauptrolle spielt die Schrift; es kommen aber auch andere Objekte in Betracht. Zum Beispiel Münzen sind nicht bloss durch ihre Inschrift, sondern auch durch

1

ihre Bilder, ihre Zusammensetzung, ihr Gewicht lehrreich, und das Münzwesen ist öffentlichrechtlich wie privatrechtlich von vielseitiger Bedeutung; die *notitia dignitatum* (§ 17) ist nicht bloss durch ihren Text, sondern auch durch ihre Abbildungen wichtig. Die schriftliche Rechtsüberlieferung bewegt sich in der unmittelbaren Wiedergabe der Texte von Rechtssatzungen, in Mitteilungen, Ausführungen, Erwägungen über den Inhalt bestehender Rechtssätze, in Erklärungen, Beurkundungen, Erzählungen, welche das Recht in der Anwendung auf den einzelnen Fall zeigen oder sonst Schlüsse auf Rechtssätze erlauben. Den ersten Rang nehmen ein buchmässig verbreitete Werke, offizielle Gesetzbücher, juristische Privatarbeiten und zahlreiche Bemerkungen in nichtjuristischer Litteratur. Dazu kommen Inschriften auf Bronze und Stein, Urkunden auf wachsüberzogenen Holztäfelchen, Bronzetäfelchen, Papyrus.

Die folgende Darstellung behandelt die Entstehungsquellen wie die Erkenntnisquellen des römischen Rechts in Verbindung mit einander. Die an den Schluss gestellte Lehre vom *ius civile, ius gentium, ius naturale* gehört streng genommen in die Lehre von den Quellen des römischen Rechts überhaupt nicht, steht aber damit in einem Zusammenhange, welcher ihre Aufnahme in die Darstellung rechtfertigt.

I.

§ 2. Gewohnheitsrecht.

Dass in den Anfängen Roms die Rechtsbildung
eine vorwiegend gewohnheitsrechtliche war, sagt nicht
bloss die römische Tradition[1]), sondern es wird auch
bestätigt durch die allgemeine geschichtliche Erfahrung
und durch den in den Ständekämpfen der Republik
erhobenen Ruf nach geschriebener Gesetzgebung. Aber
auch seitdem die Gesetzgebung begonnen hatte, eine
umfassende Thätigkeit zu entfalten, ist der Fluss des
Gewohnheitsrechts nicht versiegt. Cicero[2]) wie die
klassischen Juristen erkennen es als eine dem Gesetz
ebenbürtige Rechtsquelle an, so dass auch das Gesetz
durch Gewohnheitsrecht aufgehoben werden kann, da
dieses nur ein anderer Ausdruck desselben Volkswillens
ist, der das Gesetz trägt[3]).

Verlangt wird für die Anerkennung eines Gewohn-
heitsrechtssatzes in ziemlich unbestimmten Ausdrücken,
dass er durch Sitte, Gewohnheit sich befestigt hat *(mos
mores [majorum], consuetudo [diuturna, longa, inveterata])*.
Konstante Praxis der Gerichte wird der aussergericht-
lichen Rechtsgewohnheit selbständig zur Seite gestellt *(consuetudo aut rerum perpetua similiter iudicatarum
auctoritas)*; aber auch bei erweislicher aussergerichtlicher
Gewohnheit wird besonderes Gewicht darauf gelegt, dass
sie in einem kontradiktorischen gerichtlichen Urteil Bestätigung gefunden hat *(contradicto aliquando iudicio consuetudo confirmata)*[4]). Die absolutistischen Kaiser haben das

1*

Gewohnheitsrecht unter ihre Allmacht zu beugen gesucht, indem sie ihm die Kraft bestritten, das Gesetz oder die (kaiserliche) Vernunft zu besiegen[5]).

¹) D. I, 2, 2, 1. Dionys. 10, 1. — ²) De invent. II, 22, 65. top. 5, 28. — ³) Julian. D. I, 3, 32, 1.. — ⁴) D. I, 3, 32—40. — ⁵) Constantin. C. J. 8, 52 (53), 2.

II. Recht setzende Staatsakte.

§ 3. 1. Angebliche Rechtsaufzeichnungen der Königszeit.

I. Die spätere Zeit kannte als *leges regiae* eine Reihe von Satzungen sakralen Inhalts oder doch über Rechtsverhältnisse, welche mit dem Sakralwesen zusammenhängen und unter sakralem Schutze stehen. In der letzten Zeit der Republik gab es ein Werk *de ritu sacrorum*, gewöhnlich nach seinem angeblichen Urheber *ius Papirianum* genannt, in welchem solche *leges regiae* gesammelt waren. Dazu schrieb Granius Flaccus in der Zeit Cäsars einen Kommentar. Die Berichte, welche die Sammlung zum Teil bis in die Königszeit selbst zurückführen, sind widerspruchsvoll und unglaubhaft ¹). Inhaltlich werden viele der *leges regiae* in der That aus der Königszeit stammen, fraglich aber bleibt, aus welcher Rechtsquelle.

Sagenhaft ist auch der Bericht des Dionysius von Halicarnass über die Gesetzgebung des Servius Tullius, der insbesondere das Institut der Zivilgeschworenen eingeführt, auch ungefähr 50 Curiengesetze über Verträge und Delikte durchgebracht haben soll, von denen die auf

Verträge bezüglichen durch Tarquinius Superbus aufgehoben, durch die ersten Konsuln wiederhergestellt wären[2]).
Zusammenstellung unserer Nachrichten über Königs-
gesetze gibt Bruns I p. 1. sqq.

II. Die spätere Sitte der Magistrate, Aufzeichnungen
über Amtshandlungen zu machen *(commentarii magistra-
tuum)*, mag schon von den Königen beobachtet sein; auch
werden *commentarii regum* öfter erwähnt[3]). Diese Er-
wähnungen können aber, selbst wenn jene Dokumente
wirklich einmal existiert haben, nur auf mittelbarer und
unsicherer Kunde von ihnen beruhen.

[1]) Serv. in Aeneid. 12, 836. — Macrob. saturnal. 3, 11, 5. —
D. L, 16, 144. — D. I, 2, 2, 2. 36. Dionys. 3, 36. Liv. 6, 1. —
[2]) Dionys. 4, 13. 25. 43. lib. 5, 2. — [3]) Liv. I, 32. 60. Cic. pr.
Rabir. perduell. reo 5, 15.

§ 4. 2. Die XII. Tafeln.

I. Die XII. Tafeln bilden die erste grosse Kodifikation des römischen Rechts. Ihre Entstehungs-
geschichte ist in der Rechtsgeschichte im Zusammenhange der ständischen Kämpfe darzulegen. Das Decemviralkollegium von 451 v. Chr. verfasste die Vorschriften
der ersten 10 Tafeln, welche durch *lex centuriata* bestätigt wurden[1]). Das zweite Decemviralkollegium von
450 v. Ch. redigierte die Vorschriften der beiden letzten
Tafeln, welche aber erst nach dem Sturze der Decemvirn
von den Konsuln des Jahres 449 v. Chr. in den Centuriatcomitien zur Annahme gebracht wurden[2]). Die
Gesetzgebung war grösstenteils Aufzeichnung alten Ge-
wohnheitsrechtes und umfasste sowohl staatsrechtliche,
strafrechtliche und prozessuale, wie privatrechtliche Dinge,

war aber von der Vollständigkeit moderner Gesetzbücher
wohl sehr weit entfernt. Dass zur Vorbereitung des
Werkes Kunde griechischen Rechts eingeholt ist [3]), ein
Grieche die Decemvirn beraten [4]), und griechisches
Recht den Inhalt der XII Tafeln in der That beeinflusst
hat [5]), ist innerlich durchaus glaublich, wenn auch die
Nachrichten darüber im einzelnen zweifelhaft sind, und
der Einfluss des griechischen Rechts nicht überschätzt
werden darf.

II. Die Gesetzgebung führt ihren Namen (*XII ta-
bulae, lex XII tabularum)* davon, dass sie auf zwölf Tafeln
auf dem Forum aufgestellt wurde; ob es Bronzetafeln [6])
waren, oder ob diese erdichtet sind, und man in jener alten
Zeit noch Holztafeln nahm, bleibt zweifelhaft. Dass die
im gallischen Brande zu Grunde gegangenen Tafeln [7]) später
erneuert wären, ist höchst unwahrscheinlich. Denn in der
späteren Zeit war die Gesetzgebung zwar dem Inhalt nach
vollständig bekannt (bis in Ciceros Zeit lernten sie die Knaben
in der Schule [8]), aber ihre Form wurde im Laufe der Zeit mehr
und mehr modernisiert, was im Angesicht eines authenti-
schen, auf dem Forum zu lesenden Textes nicht möglich
gewesen wäre. Trotz aller späteren Rechtsveränderungen
sind die XII Tafeln noch spät als die eigentliche Grundlage des römischen Rechts angesehen worden; *fons omnis
publici privatique iuris* sagt Livius mit Bezug auf die
ersten 10 Tafeln, und lässt das Volk reden, wenn noch
die beiden letzten hinzugefügt würden, so könne *velut corpus
omnis Romani iuris* damit fertiggestellt werden [9]). Noch
im justinianischen Recht gelten manche Bestimmungen der
XII Tafeln fort. Sie sind von Juristen oft kommentiert (Sex.
Aelius [§ 12], Labeo [§ 14], Gajus [§ 14]); aber auch andere
Schriftsteller haben ihnen insbesondere in sprachlichem

und antiquarischem Interesse Aufmerksamkeit gewidmet.

III. Auf den in juristischer wie nichtjuristischer Litteratur zerstreuten Mitteilungen und Anführungen, welch letztere aber auch da, wo sie es vorgeben, wohl nirgends wörtlich genau sind, beruht unsre Kenntnis zahlreicher Bestimmungen der XII Tafeln. Die lapidare Sprache der Citate ist trotz der erwähnten Modernisierung immer noch altertümlich genug geblieben, um den Leser empfinden zu lassen, dass das gewohnte Latein nicht immer ausreicht, sie zu verstehen. Diese Schwierigkeit ist aber keineswegs unüberwindlich. Haupteigentümlichkeiten liegen in der mangelhaften Bezeichnung der Personen, an die sich das Gesetz wendet oder von denen es redet, und in dem Gebrauch des Imperativs für nicht gebietende, sondern berechtigende Vorschriften.

IV. Mit der Ordnung und Ergänzung der Fragmente hat man sich seit dem 16. Jahrhundert beschäftigt, zuerst *Aymar du Rivail (Aymarus Rivallius): civilis historiae iuris s. in XII tabularum leges commentariorum libri quinque.* 1515. Wichtiger schon: *Jac. Gothofredus, Quatuor fontes iuris civilis* (1653). Die Grundlage der modernen Restitution ist: Dirksen, Übersicht der bisherigen Versuche zur Kritik und Herstellung des Textes der Zwölftafelfragmente (Leipzig 1824). R. Schöll, *legis duodecim tabularum reliquiae* (Leipzig 1866) hat den Schwerpunkt in verbesserter philologischer Kritik. Bruns, I p. 15 sqq. enthält eine auf Dirksen und Schöll beruhende, sie verbessernde Handausgabe. — M. Voigt, Die XII Tafeln, 2 Bde. (Leipzig, 1883) ist bei aller Gelehrsamkeit nur mit grosser Vorsicht zu benutzen.

---

¹) Liv. 3, 34. — ²) Liv. 3, 37. Diodor. 12, 26. — ³) Liv.

3, 31. — ⁴) D. I, 2, 2, 4. — ⁵) D. X, 1. 13. XLVII, 22, 4. —
⁶) Liv. 3, 57 i. f. *Eboreae* bei Pomponius D. I 2, 2, 4 kann aus
roboreae, aber auch aus *aereae* verderbt sein. — ⁷) Liv. 6, 1. —
⁸) Cic. de leg. 2, 23, 59. — ⁹) Liv. 3, 34. --

§ 5. 3. Fernere Volksgesetze. *Leges latae.*

I. *Lex* in dem hierhergehörigen Sinne des Worts
ist der eine Rechtsvorschrift aufstellende Beschluss der
Volksgemeinde, welcher auf Antrag eines Magistrats ergeht *(lex rogata, lata)*. Die Entwickelung der Gesetz-
gebungskompetenz der einzelnen Arten von Volks-
versammlungen überlassen wir der Rechtsgeschichte und
bemerken darüber nur kurz Folgendes.

1. Die ursprünglich alleinstehenden Curiatcomitien
haben in historischer Zeit nur noch die formelle Beschlussfassung über das Imperium der meisten Magistrate *(lex
curiata de imperio)* und über gewisse spezielle Angelegenheiten, deren Erledigung eines Gesetzgebungsaktes bedarf.
So lange das Testament als eine Dispensation von dem
gesetzlichen Erbrecht durch Spezialgesetz behandelt wurde,
ist dieses Gesetz in Curiatcomitien ergangen¹). Desgleichen
unterlag die Arrogation, die Annahme eines bisher keiner
väterlichen Gewalt Unterliegenden an Kindesstatt der
Beschlussfassung der Curiatcomitien²).

2. Die allgemeine Gesetzgebung liegt in historischer
Zeit zuerst bei den Centuriatcomitien, mit denen aber die
beiden folgenden Versammlungen in Konkurrenz treten.

3. Seit wann Tributcomitien, d. h. nach Tribus geordnete patrizisch-plebejische Versammlungen zur Gesetzgebung verwandt sind, ist nicht genau zu sagen. Livius
bringt ein Beispiel von 357 v. Chr.³). Ein Gesetz dieser

Art ist die *lex Quinctia de aquaeductibus* vom Jahre
9 v. Chr.[4]).

4. Beschlüsse der nach Tribus geordneten Plebejer-
versammlung *(concilium plebis)* haben für das Gesamtvolk verbindliche Kraft seit der *lex Hortensia* zwischen
289 und 286 v. Chr. Wahrscheinlich hatten sie schon
vorher gleiche Kraft unter der Bedingung, dass der Senat
sie genehmigt hatte, und hat die *lex Hortensia* die Bedeutung, diese Bedingung beseitigt zu haben[5]).

II. *Lex* heisst im strengen Sprachgebrauch nur das
vom Gesamtvolk beschlossene Gesetz. Der Beschluss
des *concilium plebis* heisst technisch *plebiscitum*[6]); im
weiteren Sinne wird aber *lex* auch für dieses gebraucht.

In der vorsichtigen Sprache der späteren Gesetze
wird oft *'lex sive id plebiscitum est'* zur Bezeichnung eines
Gesetzes verwandt, um anzudeuten, dass dasselbe möglicherweise *lex* oder möglicherweise Plebiszit, der Unterschied aber gleichgültig sei[7]). Nach dem Amtscharak-
ter des beantragenden Magistrats scheiden sich *leges con-
sulares, praetoriae, tribuniciae;* das einzelne Gesetz wird
in adjektivischer Form mit dem Namen des Antragstellers
bezeichnet, die konsularischen regelmässig mit denen beider Konsuln.

III. Die rechtswirksame Publikation des Gesetzes
besteht in der Renuntiation, der förmlichen Verkündigung
des Abstimmungsergebnisses. Die Urkunde des Gesetzes
wird im Archiv (im Aerarium) aufbewahrt, welches unter
Leitung der Quaestoren stand (bis a. 11 v. Chr. unter
Teilnahme der Ädilen); nach einer *lex Licinia Junia* vom
Jahre 62 v. Chr. sollte schon bei der Promulgation, der
ersten Ankündigung des Vorschlags durch Edikt des Antragstellers[8]), der Antrag im Aerar deponiert werden[9])

damit die verbotene Abänderung des Vorschlags nach
der Promulgation kontrolliert werden konnte. Die wich-
tigeren Gesetze wurden öffentlich zuerst auf Holz, später
auf Bronze aufgestellt. Die Formen der Gesetzesurkunde
zeigt die *lex Quinctia de aquaeductibus*.

IV. Zu unterscheiden ist die Hauptvorschrift des
Gesetzes von der *sanctio* (Befestigung), der Bestimmung
über die Folgen der Übertretung der Hauptvorschrift.
Ein Gesetz, welches Rechtshandlungen verbietet, ist *lex
minus quam perfecta,* wenn die *sanctio* zuwiderlaufende
Rechtshandlungen mit Nachteilen bedroht, ohne sie für
nichtig zu erklären. Sind dem Übertreter nicht einmal
Nachteile angedroht, so liegt *lex imperfecta* vor[10]). *Lex
perfecta* ist danach diejenige, welche übertretende Rechtshandlungen für nichtig erklärt. *Sanctio* heisst auch die
oft eingefügte Klausel, dass wegen Befolgung dieses Gesetzes aus anderen niemand sollte zur Verant-
wortung gezogen werden können[11]). Auch sie befestigt
das Gesetz! Sie zeigt die juristische Vorsicht der Römer;
denn eigentlich ist sie, da schon nach dem Zwölftafelgesetze
von zwei widersprechenden Volksschlüssen der jüngere gilt[12]),
überflüssig. Oft finden sich Selbstbeschränkungen des
Gesetzes, besonders eine Klausel, durch welche das Gesetz erklärt, beschworene ältere Satzungen nicht berüh-
ren und sonst nicht gegen seiner Kompetenz entzogenes
Recht verstossen zu wollen. Hierfür hat Valerius Probus[13])
eine ständige Abkürzungsformel, die er auflöst: *si quid sa-
crosanctum est, quodve ius non sit rogarier, eius hac lege
nihilum rogatur.*

Die jüngeren römischen Gesetze lieben, anders als
die XII Tafeln, einen verschachtelten, langatmigen Stil.
In übergrosser Sorgfalt, die Sache ja richtig zu treffen,

häufen sie oft Ausdrücke (ähnlich modernen englischen Gesetzen), bei denen es falsch sein würde, hinter jedem einen, von dem des andern scharfgesonderten Begriff suchen zu wollen. Die Klarheit des römischen Rechts ist aus der Arbeit der Juristen, nicht aus der Gesetzgebung hervorgegangen.

V. Es sind seit den XII Tafeln sehr zahlreiche Volksgesetze, darunter auch viele privatrechtlichen Inhalts, ergangen. Noch in der ersten Kaiserzeit ist die Comitialgesetzgebung lebhaft thätig gewesen; doch nimmt sie schon unter Tiberius und Claudius ab und erlischt im Laufe des 1. Jahrhunderts ganz. Das letzte bekannte Volksgesetz ist eine von Kaiser Nerva beantragte *lex agraria* [14]). Es blieb in der Kaiserzeit dem Volke noch ein gesetzgeberischer Akt vorbehalten, nämlich die formelle Beschlussfassung über die Kompetenz des jeweiligen Kaisers, *lex de imperio principis*, von Ulpian[13]) *lex regia* genannt; der Sache nach handelt es sich dabei aber nur um formale Bestätigung eines Senatuskonsults.

VI. Unsere Kunde von den *leges* beruht vorwiegend auf Überlieferung in der Litteratur. Einzelnes ist inschriftlich erhalten. Zu erwähnen sind:

1. *Tabula Bantina*, eine bei Bantia (jetzt Banzi) in Lucanien a. 1790 gefundene Bronzetafel, auf deren einer Seite ein Bruchstück eines oskischen Gesetzes von unsicherem Inhalt und Ursprung steht; vielleicht ist es die von Rom den Bantinern verliehene Stadtordnung. Auf der anderen Seite steht ein Stück der *sanctio* eines lateinischen und zwar römischen Gesetzes aus der Zeit zwischen 133 und 118 v. Chr. (Bruns, I. p. 48 sqq.).

2. Elf Bruchstücke einer Bronzetafel, welche vor 1521 in Rom waren, von denen aber einige jetzt nur

noch in Abschriften vorhanden sind. Auf der einen Seite
steht die *lex Acilia repetundarum* von 133 oder 132
v. Chr., auf der andern Seite die *lex agraria* vom Jahre
111 v. Chr. (Bruns, I. p. 55 sqq.).

3. Eine in Rom im 16. Jahrhundert gefundene
Bronzetafel, die 8. einer Reihe, auf welcher die *lex
Cornelia (Sullae) de viginti quaestoribus* von
c. 81 v. Chr. verzeichnet war (Bruns, I. p. 90 sqq.).

4. Eine in Rom im 16. Jahrhundert gefundene Bronzetafel enthält ein bedeutendes Anfangsstück der *lex Antonia
de Termessibus*, v. J. 71 v. Chr. eines Plebiszits, durch welches die Angehörigen von Termessus in Pisidien für frei, Freunde
und Bundesgenossen des römischen Volkes erklärt werden,
und dementsprechend ihre Rechtsstellung geregelt wird
(Bruns, I. p. 94 sqq.). Man könnte versucht sein, dies
Gesetz als eine die Termessier subjektiv berechtigende
lex specialis aufzufassen; richtiger würdigt man seinen Inhalt
aber doch wohl, wenn man es als ein, objektive Rechtsvorschriften, allerdings von beschränkter Anwendbarkeit,
aufstellendes betrachtet.

5. Eine 1760 in den Ruinen von Veleja bei Tiacenza
gefundene Bronzetafel, enthaltend einen Teil (in c. 19 an-
fangend, in c. 23 schliessend) von einer *lex Rubria de
Gallia cisalpina*, einem bald nach 49 v. Chr. erlassenen
Gesetz über die Munizipalgerichtsbarkeit in Gallia cisalpina,
wichtig für das Recht der *cautio damni infecti, operis
novi nuntiatio, confessio in jure*, verweigerte *defensio*.
Vielleicht zu demselben Gesetz gehört die 1880 zu Ateste
(jetzt Este) gefundene Bronzetafel, das s. g. *fragm.
Atestinum* (Bruns, I p. 98 sqq.).

6. *Tabula Heracleensis*, eine 1732 in den Ruinen von
Heraclea in Lucanien gefundene Bronzetafel in zwei Stücken.

Darauf steht ein grosser Teil der s. g. *lex Julia municipalis*, eines Gesetzes Cäsars vom Jahre 45 v. Chr.,
dessen erhaltene Bestimmungen Getreideverteilungen und
Strassenpolizei in Rom, sowie die Verfassung der Bürger-
gemeinden (*magistratus, decuriones*) betreffen (Bruns,
I p. 104 sqq.).

7. Ein bedeutendes Schlussstück des für Vespasian
im Jahre 69 n. Chr. erlassenen Kompetenzgesetzes (vergl.
oben V.), s: g. *lex de imperio Vespasiani*, ist zu
Rom auf einer Bronzetafel im 14. Jahrhundert gefunden
worden (Bruns, I p. 192 sqq).

¹) Gai. 2, 101. Gell. 15, 27, 1—3. — ²) Gai. I, 98, sqq. Gell.
5, 19, 1—6. — ³) Liv. 7, 16. — ⁴) Frontin de aqu. urb. Rom.,
c. 129. — ⁵) ⁶) Gai. I, 3. Gell. 15, 27, 4. — ⁷) Lex Latina tab.
Bantinae lin. 7, 15., lex Rubr. c. 20. — ⁸) Fest. s. v. *promulgari*. —
⁹) Scholia Bobiensia ad Cic. pro Sestio 64, 6 (Orelli-Baiter). — ¹⁰) Ulp.
initio 2. Macrob. ad somn. Scip. II, 17, 13. — ¹¹) Cic. ad Att. 3, 23, 2,
lex de imp. Vesp. i. f. — ¹²) Liv. 7, 17. — ¹³) Prob. 3. Cic. pro Caec.
33, 95. de domo 40, 106. — ¹⁴) D. XLVII, 21, 3, 1. — ¹⁵) D.
I, 4, 1 pr.

§ 6. 4. *Leges datae* und *leges dictae*.

I. Provinzen und Stadtgemeinden sind von den Römern
Rechtsordnungen vielfach in der Weise verliehen, dass ein
Magistrat das Gesetz, ohne einen römischen Volksschluss
über dessen Inhalt einholen und ohne die Provinzialen
oder Gemeindeangehörigen befragen zu müssen, einseitig
auferlegt (*legem dare, lex data*).

1. Den Provinzen gibt solche Ordnung in der
Regel der Feldherr, der sie erobert oder nach einem
Aufstande beruhigt. Er ist dabei an die nachträgliche

Genehmigung des Senates gebunden, wenn nicht, wie
gewöhnlich, der Senat ihm eine Kommission beigegeben
hat, nach deren Beschlüssen er sich zu richten hat. So
hat der Konsul P. Rupilius im Jahre 131 v. Chr.
nach dem ersten Sklavenkriege Sizilien neu geordnet, durch die *de
decem senatorum decreto* gegebene *lex Rupilia*, bekannt
aus Ciceros verrinischen Reden[1]). Sie enthielt eine ein-
gehende Gerichtsordnung. Pompejus erliess nach dem
dritten mithridatischen Kriege im Jahre 64/63 v. Chr.
umfassende Anordnungen für die asiatischen Länder, deren
Genehmigung nach seiner Rückkehr zu einem Hauptstreit-
punkt mit dem Senat wurde. Noch in der Kaiserzeit
standen von ihm herrührende Bestimmungen als *lex Pom-
peja* in Geltung; wir kennen daraus solche über Muni-
zipalbürgerrecht, Magistrate und Decurionen[2]).

2. Das älteste Zeugnis einer von Rom verliehenen
Stadtordnung ist die Nachricht, dass im Jahre 317
v. Chr. die Bürgerkolonie Antium vom Senat Patrone
ad jura statuenda ipsius coloniae erhielt[3]). Vielleicht gehört auch das oskische Gesetz der *tabula Bantina* (§ 5 VI, 1)
hierher. Ob solche Ordnungen in alter Zeit durch Volksschluss bestätigt wurden, ist fraglich. In der späteren
Zeit werden Stadtordnungen durchaus regelmässig einseitig
von einem oder mehreren Beamten erlassen, welche hierzu
durch Volksschluss ermächtigt wurden. Wie häufig und
beliebt dies Verfahren war, zeigt die Klausel der *lex
Julia municipalis*, dass die mit solcher Ermächtigung
Ausgestatteten noch ein Jahr nach Erlass dieses Gesetzes
das Recht der Verbesserung ihrer Anordnungen haben
sollten[4]).

In der Kaiserzeit geht die Verleihung von Stadtordnungen vom Kaiser aus. Er hat dazu nicht im Einzel-

falle Ermächtigung eingeholt, sondern ist allgemein dazu für ermächtigt erachtet, unsicher mit welchem formellen Anhalt. Hierher gehören:

a) Die *lex Ursonensis* oder *lex coloniae Juliae Genetivae*, welche M. Antonius, der auf Cäsars Befehl ein Gesetz über Kolonie-Gründung durchgebracht hatte, auf Grund dieses Gesetzes der unter jenem Namen kolonisierten Stadt Urso in Spanien (jetzt Osuna) im Jahre 44 v. Chr. verlieh. Einige in Osuna 1870—1874 gefundene Bronzetafeln enthalten bedeutende Stücke davon, von (in) c. 61 bis (in) c. 82 und von (in) c. 91 bis c. 134. (Bruns I p. 123 sqq.)

b) Aus der Augustischen Zeit und wohl von Augustus selbst verliehen ist ein Gesetz für Narbo, betreffend einen dort eingesetzten Flamen, bruchstückweise erhalten auf einer in Narbonne 1883 gefundenen Bronzetafel. (Bruns I p. 140 sqq.)

c) Die Stadtordnung von Salpensa, s. g. *lex Salpensana*, und

d) die von Malaca (Malaga), s. g. *lex Malacitana*, welche beide Domitian zwischen 81 und 84 den genannten damals (seit Vespasian) des latinischen Rechts teilhaftigen Gemeinden verlieh. Zwei Bronzetafeln, welche 1851 bei Malaga gefunden sind, bieten von der *lex Salpensana* c. 21 bis c. 29, von der *lex Malacitana* c. 51 bis (in) c. 69. (Bruns I p. 142 sqq.)

II. Das römische Bürgerrecht kann in der republikanischen Zeit grundsätzlich nur durch Volksbeschluss verliehen werden, es ist also ein den vorigen ähnlicher Akt delegierter Gesetzgebung, wenn ein Magistrat kraft ihm durch Gesetz erteilter Ermächtigung das Bürgerrecht verleiht. Er erteilt damit aber nur ein Personalprivilegium, und für die Kenntnis des objektiven römischen Rechts sind Erlasse dieser Art nur als Belege für die Regeln wichtig, denen sie folgen, nicht, die sie statuieren. Die besprochene Ermächtigung ist zuerst an koloniegründende Beamte mit Bezug auf die Kolonisten [5]), dann auch an Feldherren mit Bezug auf ihre Soldaten erteilt, z. B. im Jahre 72 v. Chr. dem Pompejus durch Gesetz der Konsuln L. Gellius und Gn. Cornelius nach dem sertorianischen Kriege [6]). In der Kaiserzeit haben die Kaiser in umfassendem Masse Soldaten das Bürgerrecht und das *connubium* mit peregrinischen Frauen (denen, die bereits Bürger waren, nur dies) verliehen. Die entsprechende, zahlreiche zugleich entlassene und privilegierte Soldaten zusammenfassende Verfügung wurde, wie ein Gesetz auf dem Kapitol in Bronze angeschlagen, dem einzelnen aber auf bronzenen Diptychen (zwei verbundenen Täfelchen) ein von Zeugen beglaubigter Auszug daraus zu seiner Legitimation erteilt. Solche s. g. Soldatendiplome sind zahlreich erhalten. Beispiele bei Bruns I p. 252 sqq. cf. 371 sqq.

III. *Lex dicta* ist eine rechtliche Bestimmung, welche jemand seiner eigenen Sache auferlegt. Dahin gehören also auch Rechtsvorschriften, welche einer im Eigentum des Staates oder der Gemeinde stehenden Sache von den zuständigen Organen im Namen des Staates oder der Gemeinde auferlegt werden. Solche sind die sehr altertümlichen Haingesetze von Luceria und Spoletium (Bruns I p. 260 sq.), die Tempelordnung von Furfo vom Jahre 58 v. Chr., die von den Narbonensern 11—13 v. Chr. festgesetzten Vorschriften für einen neugestifteten Altar des Augustus (Bruns I p. 261 sqq.), eine Altarordnung Domitians (Bruns I p. 264 sqq.), die von dem *duovir* von Salona (Dalmatien) gegebene Ordnung eines Jupiteraltars vom Jahre 137 n. Chr. (Bruns I p. 263).

Es kann unter Umständen zweifelhaft sein, ob ein Erlass mehr von dem Eigentümerrecht oder mehr von Regierungsrechten getragen wird. Die s. g. *lex metalli Vipascensis*, eine kaiserliche gegen Ende des 1. Jahrhunderts n. Chr. erlassene Ordnung für den nicht städtisch organisierten, im kaiserlichen Eigentum stehenden und von einem *procurator metallorum* verwalteten Bergwerksbezirk von Vipascum in Portugal weist ihr eigener Ausdruck (lin. 58) und die Natur ihrer Bestimmungen entschieden den kraft Eigentümerrechts ergangenen *leges dictae* zu. Von ihr ist ein Teil erhalten auf einer 1876 bei Aljustrel in Portugal in den alten Goldgruben gefundenen Bronzetafel. Die erhaltenen Bestimmungen beschäftigen sich hauptsächlich mit den Rechten und Pflichten derjenigen, welche vom Fiskus ausschliessliche Gewerbebetriebe innerhalb des Bezirks gepachtet haben (Auktionator, Ausrufer, Badehalter, Schuster, Barbier u. s. w.). Diese Bestimmungen ruhen wesentlich auf dem fiskalischen Eigentum an dem Grundstück, auf welchem jene Gewerbe geübt und andere daran verhindert werden sollen. (Bruns I p. 266 sqq.)

---

[1]) Cic. in Verr. II, 2, 13, 32; 16, 39. -- [2]) Plin. ad Traj. 79. 80. 112. 114. 115. — [3]) Liv. 9, 20 i. f. — [4]) Lex Jul. munic. lin. 159 sq. — [5]) Cic. Brut. 20, 79. — [6]) Cic. p. Balbo 8, 19. —

§ 7. 5. *Edicta magistratuum. Ius civile* und *ius honorarium.*

I. Das *ius edicendi* ist ein allgemeines Recht der höheren republikanischen Magistrate. Es ist das Recht, mündlich (*in concione*) oder schriftlich durch Aufstellung auf weissen Holztafeln (*in albo proponere*) dem Volke

Willen und Meinung des Magistrates kund zu thun.
Z. B. ein Edikt der Censoren von 92 v. Chr.[1]) verkündet das
Missfallen der Censoren denen, die Rhetorenschulen halten
oder besuchen. Auch priesterliche Edikte kommen vor,
z. B. von den *quindecimviri sacris faciundis*[2]).

Von dem *ius edicendi* haben seit der jüngeren Zeit der
Republik die mit der Ziviljurisdiktion betrauten Magistrate
(in Rom Prätoren und curulische Ädilen, in den Provinzen
an Stelle der Prätoren die Statthalter und an Stelle der Ädilen
die Quästoren) in der Weise Gebrauch gemacht, dass sie
bei ihrem Amtsantritt ein ausführliches Edikt erliessen,
enthaltend die Regeln, nach denen sie ihre Jurisdiktion
zu handhaben gedachten[3]). Insofern dieses Edikt das
ganze Jahr hängen und beobachtet werden soll, heisst es
edictum perpetuum. Es enthält weniger Befehle an die
Gerichtsunterthanen (auch solche kommen vor, z. B. *pro-
nuntianto*, *dicunto* im Edikt der Curulädilen, *ne quis* . . .
habeat im prätorischen Edikt [4])), als vielmehr Ankündigung
von Massregeln, welche der Magistrat in den und den Fällen zu
treffen gedenkt, z. B. Niedersetzung eines Schwurgerichtes
(iudicium dabo), Besitzeinweisung *(in possessionem ire
jubebo, possidere jubebo, bonorum possessionem dabo)*, Anordnung des Abschlusses einer Stipulation mit oder ohne
Bürgenstellung *(promitti, satisdari jubebo)*, Wiedereinsetzung
in den vorigen Stand *(in integrum restituam)* und anderes
mehr. Charakteristisch ist im Gegensatz zu dem Gesetz
(das das Ermessen der Beamten beschränken will!) für das
Edikt, dass der Magistrat sich hütet, sich die Hände
zu eng zu binden, und daher verhältnismässig oft
sich die Sachprüfung im Einzelfalle ausdrücklich vorbehält
(causa cognita, si mihi iusta causa esse videbitur) oder
die zu treffenden Massnahmen nur im allgemeinen andeutet

(cogam, uti quaeque res erit animadvertam). Ein Haupt-
bestandteil des Edikts sind Formulare für die vorzu-
nehmenden Amtshandlungen, namentlich auch für die
formulae, mittels deren im Zivilprozess der Prätor den
Geschworenen zur Untersuchung und Entscheidung des
Falles beauftragt und instruiert. Das Ganze ist ein Pro-
gramm der Jurisdiktionsführung des Magistrats, aus dem
aber überall indirekt herauszulesen ist, welches Verhalten
der Magistrat von den Rechtsunterthanen beobachtet
wissen will. Dies tritt auch in (konjunktivisch) gebietenden
und verbietenden Überschriften oft genug hervor, wo der
Text selbst nicht gebietende Form hat.

II. Diese Edikte, an welche der Magistrat selbst
erst seit einer *lex Cornelia* von 67 v. Chr. für die Dauer
seines Amtes gesetzlich gebunden war [5]), (es finden
sich aber schon vorher Interzessionen wegen Abweichungen vom Edikt [6]) verloren, weil nur getragen von dem Imperium des Magistrats, der sie
erliess, mit dem Aufhören seines Amtes von selbst ihre
Geltung. Der Amtsnachfolger pflegte aber in sein Edikt
die bewährten Bestimmungen der Vorgänger herüberzu-
nehmen, und so bildete sich ein allmählich über das
ganze Gebiet des Privatrechts und Zivilprozesses sich ver-
zweigender Stamm in den Edikten regelmässig wieder-
kehrender, materiell dauernder Bestimmungen *(edicta tra-
laticia)*. Die wichtigsten Edikte waren die der beiden
städtischen Prätoren, *praetor urbanus* und *qui inter cives
et peregrinos ius dicit;* daneben stand das Edikt der
curulischen Ädilen [7]). Die Provinzialstatthalter lehnten
ihre Edikte an die der Prätoren [8]) und wohl vorzugsweise
an das des *praetor peregrinus* an, die Quästoren folgten
dem Muster der curulischen Ädilen [9]). Viele Edikte und

2*

ediktsmässige Institute lebten bei den Späteren unter dem Namen der Prätoren, die sie zuerst aufgestellt hatten, z. B. *formula Octaviana ([actio qu. metus causa]*, *actio Publiciana, Pauliana, Serviana, interdictum Salvianum, edictum Carbonianum).*

III. Die ganze Sitte dieser Edikte ruht auf der Grundlage, dass der Magistrat zwar an das Volksgesetz, und was ihm gleich steht, dessen *interpretatio* durch die Juristen (§ 12) und das alte Gewohnheitsrecht (*jus civile* in diesem Sinne) gebunden ist, soweit aber diese Fesseln Freiheit lassen, sein Amt nach eigenem Ermessen ausübt und befugt ist, Regeln darüber festzusetzen, wie er es auszuüben gedenkt. Dies führt zunächst nur auf ediktale Bestimmungen, welche diejenigen des *ius civile* ergänzen und ihren Gedanken zu Hilfe kommen (*supplendi, adiuvandi juris civilis gratia* erlassene Edikte [10]). Es haben aber die Magistrate im umfassendsten Masse auch solche Edikts-sätze aufgestellt, welche dem *ius civile* geradezu zuwider-liefen, es verbessern wollten (*corrigendi iuris civilis gratia*) [11]. Dies verstiess zwar gegen den Grundsatz von der Stellung des Magistrats unter dem Volksrecht; aber es fragte sich, welche Folgen praktisch ein solcher Ver-stoss hatte. Ein von dem Magistrate mittels einer dem *ius civile* zuwiderlaufenden *formula* instruierter Geschworner hatte nicht das Recht, sich mit der *formula* in seinem Urteil in Widerspruch zu setzen. Nur konnten Dekrete des Magistrats von einem gleich- oder übergeordneten Beamten im Wege der Interzession vernichtet und davon auch wegen Verstosses gegen das Volksrecht Gebrauch gemacht werden. Auch konnte der Magistrat nach Rück-tritt von seinem Amte wegen Bruches des Volksrechtes in Anklage versetzt werden. Allein Interzession wie An-

klage stellten sich nicht ein, wenn der Magistrat über
a l t e Satzungen des Volksrechtes hinwegging, welche
von der Rechtsüberzeugung des Volkes nicht mehr getragen wurden, und an deren Stelle Neuerungen setzte,
welche den Beifall der Zeitgenossen gemäss fortgeschrittener
Rechtsüberzeugung zu erwarten hatten. In diesem
Sinne aber haben die Magistrate (von Missbräuchen abgesehen) ihre Aufgabe bei der Abfassung ihrer Edikte
weise gelöst, und die Edikte sind als eine von Jahr zu
Jahr revidierte und darum den neuen Bedürfnissen und
neuen Anschauungen rasch und leicht folgende Quelle
neuen Rechtes, als „lebendige Stimme" des Rechts [12])
allseitig anerkannt. Der ständige Inhalt der Edikte
heisst *ius* und zwar *ius honorarium* (von *honor*, Ehren-
amt) das Amtsrecht, insbesondere *ius praetorium, ius
aedilicium*. Indem dabei aber stets festgehalten wurde,
dass die Magistrate das Volksrecht nicht aufheben konnten,
kam man zu der theoretischen Auffassung, dass das *ius
civile* und das *ius honorarium* neben- und gegeneinander
stehen; praktisch ging im Widerspruchsfalle das letztere vor.

Eine allseitig scharfe Scheidung zwischen *ius civile*
und *ius honorarium* musste sich als unmöglich
herausstellen. Einerseits entnahmen die Prätoren, selbst
grösstenteils juristisch gebildet, den Inhalt ihrer Edikte
doch Anregungen, welche ihnen der bestehende Rechts-
zustand und die Jurisprudenz und Praxis ihrer Zeit bot.
Jurisprudenz und Praxis aber legte man die Kraft bei,
ius civile zu schaffen. Somit konnte bei der Neuauf-
stellung eines Ediktsatzes oft zweifelhaft sein, ob und in
wieweit eine wirkliche prätorische Neuschöpfung oder
vielmehr nur die Aufnahme eines im *ius civile* bereits an-

erkannten Satzes vorläge. Anderseits begannen an dem
Ediktsrecht Jurisprudenz und Praxis und später auch die
kaiserlichen Reskripte (die ebenfalls *ius civile* schufen)
fortzuarbeiten, und es mussten auf diese Weise Sätze des
ius honorarium in das *ius civile* übergehen.

IV. In der Kaiserzeit ist die produktive Kraft der
Edikte erlahmt. Noch immer haben die noch fungie-
renden aus republikanischer Zeit herrührenden Jurisdiktions-
magistrate ihre Edikte proponiert; nur wird das ädilicische
Edikt in den kaiserlichen Provinzen nicht mehr angeschlagen, weil dorthin keine Quästoren gesandt werden[13]).
Es fehlen auch in dieser Zeit neu aufkommende Bestandteile des Ediktes nicht ganz; sie finden sich namentlich
zur Ausführung neuer zivilrechtlicher Vorschriften, wie
z. B. des *SC. Trebellianum*[14]); in der Hauptsache aber
liegt die Fortbildung des Rechts in anderen Händen.

Hadrian liess durch Salvius Julianus das Edikt des
Prätor Urbanus und als Anhang dazu dasjenige der Curulädilen neu redigieren und zwar vor 129 n. Chr.; denn
schon vor diesem Jahre begann Julian seine Digesten,
welche die vollendete Ediktsredaktion voraussetzen. Wie
tief und nach welcher Richtung hauptsächlich Julian eingegriffen hat, ist nicht sicher zu sagen. Wenn Julian
später *ordinator edicti* heisst[15]), so beweist dies durchaus nicht, dass er hauptsächlich die systematische Anordnung verbessert hat, denn hierauf geht *ordinare* nicht
einmal vorzugsweise, sondern es bedeutet überhaupt die
Festsetzung nach Inhalt und Form. So heisst es von
einer einzelnen Vorschrift des Edikts: *ita edictum ordi-
natum videtur*[16]). (Vergl. auch die Wendungen *iudicium,
testamentum ordinare.*) Das systematische Interesse der
Römer ist überhaupt so gering, dass nicht füglich ein

Kaiser den grössten Juristen seiner Zeit mit Revision des Edikts vorzugsweise der Anordnung wegen betraut haben wird. Es wird vielmehr die Absicht gewesen sein, das zurückgebliebene Edikt nach Inhalt ebensowohl wie Form wieder auf die Höhe der Zeit zu bringen. Es wurde gleich vorgesehen, wie spätere Neuerungen eingefügt werden sollten, und so wird man bei der Redaktion selbst nicht verfehlt haben, die bereits als wünschenswert erkannten sachlichen Änderungen zu bewerkstelligen. Daran ändert es nichts, dass wir zufällig nur eine solche Änderung kennen, die s. g. *nova clausula de conjungendis cum emancipato liberis eius*[17].

Der julianische Text ist durch Senatuskonsult bestätigt und heisst *edictum perpetuum* in dem neuen Sinne der die einzelnen Amtsjahre überdauernden Geltung. Das SC. hat das Edikt nicht zum Reichsgesetz für die Unterthanen erhoben, sondern war ein Dienstbefehl an die Magistrate, das Edikt nunmehr stets mit dem julianischen Text zu proponieren. Etwa erforderliche Neuerungen sollten vom Kaiser ausgehen[18]. Auch das Edikt des Prätor Peregrinus und das Provinzialedikt muss auf ähnliche Weise festgelegt sein; es fehlt jedoch an Nachrichten darüber. Damit war das *ius edicendi* der Magistrate sachlich unterbunden. Die formelle Proposition der Edikte lässt sich aber noch bis ins 3. Jahrhundert verfolgen[19].

Der Gegensatz zwischen *ius civile* und *ius honorarium* ist somit durch Hadrian formell nicht aufgehoben. Es wurde aber die Verschmelzung beider Rechtsmassen, die sich wie gezeigt schon früher angebahnt hatte, durch die dauernde Fixierung des Ediktsinhalts noch wesentlich befördert. Niemals freilich ist im Bewusstsein der Römer jener Gegensatz, so praktisch bedeutungslos er im Laufe der Zeit wurde, erloschen. Noch im justinianischen Rechte wird er als vorhanden angenommen, während er hier, da Justinian das ganze alte Recht als sein kaiserliches Gesetz publizierte, jede Existenzberechtigung verloren hatte. Es war unmöglich, eine Auffassung, mit der Jahrhunderte operiert hatten, ganz auszumerzen.

V. Unsere Kenntnis von den Jurisdiktionsedikten beruht ausschliesslich auf Anführungen ihres Inhalts in der Litteratur. Besonders von dem hadrianischen Edikt kennen wir ziemlich viel aus den in die justinianischen Digesten aufgenommenen Stücken von Bearbeitungen desselben durch die klassischen Juristen.

Die Versuche, das hadrianische Edikt zu restituieren, beginnen im 16. Jahrhundert (Eguinarius Baro); von den modernen Arbeiten kommt Rudorff, *de iurisdictione edictum* (Leipzig 1869), wiewohl seiner Zeit sehr verdienstlich, doch jetzt kaum noch in Betracht neben dem epochemachenden Werk von Lenel, das Ediktum perpetuum (Leipzig 1883). Von Lenel ist auch jetzt die entsprechende Partie in Bruns, *fontes* I. p. 202 sqq. bearbeitet. Rubrikenindex des Ediktes bietet Lenel's *Palingenesia iuris civilis* II col. 1247 sqq.

---

[1]) Suet. de rhet. c. 1 (Bruns I. p. 230). — [2]) Bruns I p. 236. — [3]) D. I, 2, 2, 10. — [4]) D. XXI, 1, 1 pr. D. IX, 3, 5, 6. — [5]) Ascon. in Cornelian. p. 58 (Bruns II. p. 71). Dio Cass. 36, 40 [23]. — [6]) Cic. in Verr. II, 1, 46, 119. — [7]) Gai. I, 6. — [8]) Cic. ad Att. 6, 1, 15. — [9]) Gai. 1, 6. — [10])[11]) D. I, 1, 7, 1. — [12]) D. I, 1, 8. — [13]) Gai. I, 6. — [14]) Gai. 2, 253. — [15]) Just. C. J. 4, 5, 10, 1. — [16]) D. XXV, 2, 13. — [17]) D. XXXVII, 8. 3. D. XXXVII, 9, 1, 13. — [18]) C. Tanta § 18. — [19]) C. J. VIII, 1, 1 (a. 224). —

§ 8. 6. *Senatus consulta.*

I. Der Senat, ursprünglich nur beratender Körper, hat sich in den Zeiten der Republik zu der eigentlich staatslenkenden Stelle entwickelt. Seine Einwirkung auf die Rechtsbildung tritt zunächst in verschiedenartigem Einfluss auf die Volksschlüsse hervor. Von alters her bedarf der Beschluss der Comitien zu seiner Gültigkeit der Bestätigung durch den Senat; seit aber Plebejer in den Senat eingetreten sind, nehmen an dem Beschluss darüber nur die patrizischen Mitglieder des Senates teil (*patrum auctoritas*). Auf Plebiszite findet die *patrum auctoritas* keine Anwendung; sie unterliegen aber wahrscheinlich bis zur *lex Hortensia* (zwischen 289 und 286 v. Chr.) der Bestätigung durch den gesamten (patrizisch-plebejischen) Senat (§ 5, 1, 4). Im Laufe der Zeit ist die *patrum auctoritas* zur leeren Förmlichkeit geworden, worauf aber der Umstand, dass sie nach einer *lex Publilia* von 339 v. Chr. zunächst für Centuriatgesetze und dann wohl auch für die übrigen Comitialbeschlüsse vor Beginn der Volksabstimmung zu erteilen[1]) (oder zu verweigern!) ist, nicht den ihm oft zugeschriebenen Einfluss gehabt haben kann. Praktisch ist aber auch in der jüngeren Zeit der Republik der Senat des Einflusses auf die Gesetzgebung nicht entkleidet. Denn durchaus üblicher, obwohl nicht rechtsnotwendiger Weise, wurden Comitialgesetze wie Plebiszite im Senat vorberaten. Dazu tritt in den letzten Zeiten das vom Senat in Anspruch genommene und praktisch durchgesetzte Recht, Volksschlüsse wegen mangelhaften Zustandekommens für nichtig zu erklären (*ea lege non videri populum teneri*)[2]).

Dispensation von Gesetzen (*lege aliquem solvere*)

kann grundsätzlich nur durch Gesetzgebungsakt erfolgen.
Auch hier aber hat der Senat eingegriffen, indem er zuerst Dispensationen unter Vorbehalt der Genehmigung
durch Volksschluss verfügte; später aber unterblieb die
wirkliche Einholung der letzteren, und endlich blieb auch
der Vorbehalt selbst aus dem Senatuskonsult fort. Der
Volkstribun C. Cornelius suchte a. 67 v. Chr. das Dis-
pensationsrecht dem Volk zurückzugewinnen. Es kam
aber nur ein Gesetz zu stande, nach welchem die Dispensation im Senat bei Anwesenheit von mindestens 200
Mitgliedern beschlossen und dann zwar von den Comitien
bestätigt werden muss, die Bestätigung aber nicht ver-
weigert werden darf, also reine Formalität ist[3]).

Die Anweisungen, welche der Senat den Magistraten
über ihre Amtshandlungen erteilt, gaben ihm schon
früh die Handhabe, auch die Jurisdiktion und die
Edikte zu beeinflussen. Schon seit dem Jahre 193
v. Chr. finden sich Anweisungen des Senats an die Magistrate, so und so Recht zu sprechen *(ita ius diceretur*[4]).
Das *SC. de Bacchanalibus* von a. 186 v. Chr. ist in der
Hauptsache eine Anweisung zum Erlass von Edikten bestimmten Inhalts (*ita exdeicendum censuere*). Solche Anweisungen über Jurisdiktionsführung und Ediktsfassung werden auch die aus den letzten Zeiten der Republik be-
richteten SCC. über Zinsfuss und über *ambitus*[5]) gewesen
sein und entsprechend der allgemeinen Stellung des Senats
zu der Magistratur faktisch verbindliche Kraft gehabt
haben. Dass aber ein Senatsbeschluss, welcher ein Gesetz auslegt, einem Geschworenengericht die Hände bindet, wie nach Cic. pro Mur. 32, 67 scheinen könnte, ist
nicht glaublich (Cicero musste das SC. gelten lassen,
weil er es selbst beantragt hatte). Ebenso wenig

ist aus republikanischer Zeit erweislich, dass ein SC. unmittelbar verbindliche Rechtsvorschriften für das Volk aufstellen konnte. Wenn das SC., welches demjenigen, der sich betrügerisch als Sklaven verkaufen lässt, die Freiheit abschneidet, wirklich in republikanische Zeit zurückgeht[6]), so spricht doch alles dafür, dass dasselbe eben auch nur eine Jurisdiktionsanweisung an den Prätor war. Es wies ihn an, die *proclamatio ad libertatem* zu denegieren[7]).

II. Immerhin war man mit diesen Jurisdiktionsanweisungen bereits hart an die Grenze der Aufstellung allgemein verbindlicher Rechtsvorschriften durch den Senat gekommen. Denn sachlich steckt in der Norm, die der Magistrat bei seiner Jurisdiktion beobachten soll, auch die Vorschrift an die Unterthanen, ihr Handeln danach einzurichten.

So ist denn auch das dem Gesetz gleichgeachtete SC. der Kaiserzeit offenbar aus den Jurisdiktionsanweisungen an die Magistrate hervorgewachsen. Es ist sehr bemerkenswert, dass bei den bedeutsamsten SCC. der Kaiserzeit die Form der Jurisdiktionsanweisung an die Magistrate noch immer vorwaltet. Dies ist besonders deutlich bei dem *SC. Vellejanum*[8]), *Trebellianum*[9]), *Macedonianum*[10]) und auch in manchen anderen bei genauerem Zusehen erkennbar. Es ist aber in der Kaiserzeit wiewohl unter Streit und deshalb offenbar ohne klare gesetzliche Grundlage anerkannt, dass die allgemeinen Rechtsvorschriften, welche die SCC. in sich trugen, den Volksgesetzen gleichstehen (*legis vicem optinent*[11])), die SCC. also *ius civile* schaffen[12]).

III. Die SCC. der Kaiserzeit ergehen oft auf Antrag des Kaisers, gestellt durch eine Rede, die er vorträgt oder durch einen Beamten (*quaestor*) vortragen lässt.

Diese *oratio principis* wurde mehr und mehr die Hauptsache, das bestätigende SC. Formalität, weshalb die
Juristen statt des SC. öfter geradezu die *oratio* als Rechtsquelle citieren [13]). Die Form des SC. aber haben die
Kaiser für wichtigere gesetzgeberische Neuerungen bis
in das dritte Jahrhundert gern gewahrt. Andere Antragsteller als der Kaiser sind wohl regelmässig nur auf
seinen Befehl oder doch nicht ohne seine Zustimmung
aufgetreten.

IV. Die Beurkundung der SCC. erfolgte zuerst in der
Art, dass der Magistrat, welcher den Beschluss erwirkt
hat, nach der Sitzung in Gegenwart einiger als Zeugen
fungierender und in der Urkunde mit den Worten
scribendo affuere[14]) aufgeführter Senatoren den Beschluss
niederschrieb oder niederschreiben liess. Diese Urkunden
sollen seit 449 v. Chr. im Cerestempel unter Aufsicht der
plebejischen Ädilen aufbewahrt worden sein, ein Institut
das später wieder verschwindet und vielleicht sich nur
auf die die Plebs berührenden SCC., speziell diejenigen,
welche Plebiszite genehmigten, bezog[15]). In der späteren
Zeit der Republik waren die SCC. im Ärarium nieder-
zulegen. Diese Einrichtung wird zuerst für das Jahr 197
v. Chr. bezeugt[16]). Die Niederlegung ist Voraussetzung
des Inkrafttretens des SC.[17]). Seit Cäsar entwickelte sich
eine eigentliche Protokollführung über die Senatsver-
handlungen[18]). Je nach Umständen erfolgen Ausferti-
gungen an Interessenten[19]), Publikationen in Volksver-
sammlungen (*conciones*), inschriftliche Aufstellungen (vergl.
das unten über das *SC. de Bacchanalibus* Gesagte).

Die Benennung der SCC. mit Personennamen ist nicht
offiziell gewesen. Bei den Juristen bildete sich aber der
Gebrauch, die SCC. adjektivisch mit dem Namen des

oder eines der Antragsteller zu bezeichnen (z. B. *SC.*
Neronianum [20]) nach dem Kaiser Nero, *SC. Iuventianum*
nach dem berühmten Juristen P. Juventius Celsus, der es als
Konsul zusammen mit Q. Julius Balbus im Jahre 129 n.
Chr. erwirkt hatte[21]). Es kann aber im Anschluss an die
Datierung des SC. nach den Jahreskonsuln auch die
Bezeichnung nach einem der beiden Konsuln wohl auch
dann gewählt sein, wenn ein anderer Beamter als Antragsteller fungiert hatte. Gelegentlich kommt auch die Benennung nach dem Verbrecher vor, der das SC. veranlasst
hatte, so bei dem *SC. Macedonianum* [22]).

V. Die meissten SCC. kennen wir nur aus litterarischer
Überlieferung. Doch ist auch manches inschriftlich erhalten. Zu erwähnen sind die folgenden, unter welche
auch diejenigen aufgenommen sind, welche nur spezielle
Verwaltungsakte des Senats darstellen. Denn auch
diese sind als Belege für die Regeln wichtig, nach denen
Fälle wie die ihnen zu Grunde liegenden behandelt zu
werden pflegten.

1. Das *SC. de Bacchanalibus* vom Jahre 186 v. Chr.,
die Massregeln zur Unterdrückung der bacchanalischen
Verschwörungen betreffend, gefunden 1640 auf einer Bronzetafel zu Tiriolo in Calabrien. In Ausführung der Vorschriften des Senates veranlassen die Konsuln unbekannte
Magistrate des *ager Teuranus* die mitgeteilten Vorschriften
des Senates durch Verkündigung *in concione* und durch
Aufstellung in Erz bekannt zu machen und sonst zu ihrer
Ausführung mitzuwirken (Bruns I. p. 160 sqq.).

2. Zwei SCC. in betreff der Rechtsverhältnisse der
Gemeinde Thisbaea in Boeotien, von 170 v. Chr., in
griechischer Übersetzung auf Marmor in Thisbaea 1871
gefunden (Bruns I. p. 162 sqq.).

3. Ein SC., betreffend die Tiburtiner (um 160 v. Chr.), gefunden zu Tibur im 16. Jahrhundert auf einer später wieder verlorenen Bronzetafel (Bruns I p. 166 sq.).

4. Ein SC. vom J. 78 v. Chr., durch welches drei griechische Nauarchen, Asclepiades und Genossen wegen ihrer Verdienste im Bundesgenossenkrieg für Freunde des römischen Volkes erklärt und privilegiert werden; gef. zweisprachig zu Rom im 16. Jahrhundert auf Bronze (Bruns I p. 167 sqq.).

5. Ein SC. vom J. 73 v. Chr., durch welches die Entscheidung der Konsuln in einem Streit der Oropier mit Publikanen bestätigt wird; in griech. Übers. auf Marmor 1884 zu Orpos gefunden (Bruns I p. 172 sqq.).

6. Ein SC. vom Jahre 42 v. Chr., durch welches Aphrodisias in Carien zur *civitas libera* erklärt wurde; in griechischer Übersetzung auf einem Marmor, zuerst 1738 herausgegeben (Bruns I p. 177 sqq.).

7. Ein *SC. de ludis saecularibus* (zwischen 17 v. Chr. u. 47 n. Chr.) auf Marmor, gefunden im 16. Jahrhundert zu Rom (Bruns I p. 183 sqq.).

8. Ein Kapitel eines SC., durch welches die Bildung von Totenkassen gestattet wird, erhalten als Bestandteil der Inschrift des *collegium funeraticium Lanuvinum* (Bruns I p. 345 sq.).

9. Eine Oratio des Kaisers Claudius betreffend die Erteilung des *ius honorum* an die den transalpinischen Galliern entstammenden Bürger, auf deren Grund wenigstens zunächst den Aeduern (Tac. annal. XI, 25) dieses Recht vom Senat erteilt ist; gefunden 1528 in Lyon auf Bronze (Bruns I p. 187 sqq.).

10. Aus einer 1600 in Herculaneum gefundenen, später wieder verlorenen Bronzetafel sind bekannt zwei SCC.

von 44/46 n. Chr. und vom Jahre 56 n. Chr., gerichtet gegen Spekulationen mit Kauf von Häusern auf Abbruch (*SC. Hosidianum* und *SC. Volusianum* (Bruns I p. 190 sqq.).

11. Ein SC. vom J. 138 n. Chr., durch welches einem Afrikaner Lucilius, senatorischen Standes, das Recht gewährt wird, in einem ausserstädtischen Bezirk (*saltus*) im Territorium der Musulamier zweimal monatlich Markt zu halten; gefunden in Tunis 1860 und 1873 auf zwei Steinen (Bruns I p. 196 sq.).

12. Ein Stück eines SC. zwischen 138 und 160 n. Chr., durch welches das in der Stadt Cyzicus bestehende corpus νέων genehmigt wird, 1876 auf Stein in den Ruinen von Cyzicus gefunden (Bruns I p. 197 sq.).

13. Das SC. über Verminderung der Kosten der Gladiatorenspiele von 176/7 n. Chr. ist nicht selbst erhalten, sondern nur ein längeres Stück einer darauf bezüglichen Rede eines Senators, gefunden 1888 auf einer Bronzetafel in Italica in Spanien (Bruns I p. 198 sqq.).

---

[1]) Liv. 8. 12, 15. — [2]) Cic. in der Rede pro C. Cornelio (Fragm. 11 bei Orelli - Baiter), nach Ascon. in Cornelian. p. 68. — [3]) Ascon. in Cornelian. p. 56 (Bruns II p. 70 sq.), Dio Cass. 36, 39 (22). — [4]) Liv. 35, 7. — [5]) Cic. ad Att. 5, 21, 13, vergl. 6, 37. — Cic. p. Mur. 32, 67. ad Att. 1, 16, 12. — [6]) Wenn der handschriftliche *Quintus meus* in D. XL, 12, 23 pr. *Q. Mucius* ist. — [7]) D. XL, 13. — [8]) D. XVI, 1, 2, 1. — [9]) D. XXXVI, 1, 1, 1. 2. — [10]) D. XIV, 6, 1. - [11]) Gai. 1, 4. — [12]) D. I, 1, 7 pr. I, 3, 9. — [13]) D. II, 15, 8 pr. XXIV, 1, 23. XXVII 9, 1 pr. — [14]) SC. de Bacchanalib. lin. 2. — [15]) Liv. 3, 55. — [16]) Liv. 39, 4, 8. — [17]) Tac. ann. 3, 51. — [18]) Suet. Caes. 20. — [19]) SCC. de Thisbaeis lin. 58 sqq. — [20]) Gai. II, 197. 212. — [21]) D. V, 3, 20, 6. — [22]) D. XIV, 6, 1. —

§ 9. 7. *Constitutiones Principum.*

I. Die Kaiser der augustischen Staatsordnung, die vordiocletianischen Kaiser, sind von vornherein keineswegs als Gesetzgeber aufgetreten, sondern haben, wie früher gezeigt, zuerst noch die Volksversammlung, daneben und danach den Senat für Gesetzgebungszwecke benutzt. Aber das altrepublikanische *ius edicendi*, welches dem Kaiser als einem höchsten Magistrat nicht fehlte, die in alles eingreifende Verwaltungsthätigkeit und Gerichtsbarkeit des Kaisers, bei welcher wie überall bei den Römern Rechtsanwendung in Rechtsfortbildung übergeht, und sein Recht, den ihm untergebenen Beamten Instruktionen zu erteilen, haben zu einschneidender und umfassender kaiserlicher Rechtsbildung geführt. Man hat dabei anzunehmen, dass die Gesetzeskraft der kaiserlichen Erlasse erst allmählich mit der fortschreitenden Konsolidation der Kaisermacht zur Anerkennung gelangt ist, trotzdem Gajus sagt, es sei darüber nie gezweifelt[1]). Eine offene Kontroverse der Juristen darüber wird freilich aus naheliegenden Gründen vermieden sein[2]). Seit der Mitte des zweiten Jahrhunderts wird die gesetzgleiche, also *ius civile* schaffende Kraft der kaiserlichen Konstitutionen als feststehend behandelt. Ulpian sagt schlechtweg *quod principi placuit, legis habet vigorem*[3]). Die Begründung, welche dafür angegeben wird: *cum ipse imperator per legem imperium accipiat* (Gai. 1, 5) oder: *utpote cum lege regia quae de imperio eius lata est, populus ei et in eum omne suum imperium et potestatem conferat* (Ulp. D. I, 4, 1 pr.), zeigt nur, dass es für die Gesetzeskraft der Konstitutionen eine klare Grundlage nicht gab, die insbesondere auch in der allgemeinen Klausel der für die

Kaiser erlassenen Kompetenzgesetze, dass sie alles thun (*agere facere*) dürften, was sie im Staatsinteresse für angemessen hielten[4]), nicht gefunden werden kann. Fand aber Anerkennung, dass der Wille des Kaisers Gesetzeskraft habe, so musste sich dies auf jede Verfügung desselben beziehen, mittels deren er einen objektiven Rechtssatz aussprechen wollte, ohne Rücksicht, in welcher Form er diesen Willen kundgab, und auch dann gelten, wenn der allgemeine Satz nicht selbständig auftrat, sondern nur aus der Entscheidung eines konkreten Falles und ihrer Begründung herausgelesen werden konnte. Dahingegen gewinnt keine Gesetzeskraft, was nach ausgesprochener oder durch Auslegung ermittelter Absicht des Kaisers nur für den Einzelfall gelten soll[5]).

Die Juristen bezeichnen als *constitutiones principum* nur die Edikte und dasjenige, was wir Dekrete und Reskripte nennen[6]); die Beamteninstruktionen (*mandata*) lassen sie ebenso ausser Ansatz wie die kaiserlichen *leges datae* und *dictae*. Es ist aber sachlich gerechtfertigt, erstere hier mit zu behandeln, während von den letzteren bereits im § 6 gesprochen ist.

Dem Kaiser steht ein Konsilium zur Seite, bis Hadrian eine freie Versammlung von Freunden, seit Hadrian fester organisiert. Dieses wirkt beratend mit bei der kaiserlichen Gerichtsbarkeit; und die in deren Ausübung erlassenen mündlichen wie schriftlichen Entscheidungen sind also, wenn auch formell vom Kaiser allein getroffen, so doch unter Beirat einer Versammlung zu stande gekommen, in welcher stets eine Anzahl angesehener Juristen waren. Manche der uns bekannten Juristen sind als kaiserliche Räte bezeugt. Den ersten Rang im Konsilium nehmen die Präfekti Prätorio ein, darunter Papinian, Paulus,

Ulpian (§ 14)[7]). Man wird annehmen dürfen, dass der gleiche Beirat auch bei sonstigen rechtlich erheblichen Erlassen, also auch bei der Redaktion von Edikten und Mandaten nicht gefehlt hat. Alexander Severus soll keine Konstitution anders als unter Zuziehung von 20 Juristen und 50 anderen Räten erlassen haben[8]). Es ist danach begreiflich, dass die kaiserlichen Erlasse an den Vorzügen der klassischen Jurisprudenz teilnahmen.

1. Edikte des Kaisers sind wie diejenigen anderer Magistrate öffentlich bekannt gemachte Anordnungen. Ein Amtsprogramm haben die Kaiser nicht erlassen, aber eine Reihe von einzelnen Rechtssätzen durch Edikte aufgestellt. Z.B. hat zuerst Augustus, dann Claudius durch Edikt den Frauen die Interzession für ihre Männer verboten[9]), die Verjährung der Statusklagen fünf Jahre nach dem Tode der Person, die sie betrafen, wird auf ein Edikt Nervas zurückgeführt[10]), das Privilegium exigendi des Gläubigers, der ein Darlehn zum Wiederaufbau eines Gebäudes gegeben hat, auf ein Edikt M. Aurels[11]). Die kaiserlichen Edikte gelten, anders als die der republikanischen Magistrate, nach dem Aufhören des Amts ihres Urhebers fort[12]). Dass das kaiserliche Edikt auch spezielle Angelegenheiten ordnen kann, wie z. B. das Edikt des Claudius *de civitate Anaunorum* (unt. § 10, VI, 2), hat es mit den Edikten anderer Magistrate gemein (man denke nur an die Ladungsedikte im Prozess).

Das Edikt kann, wie das anderer Magistrate, mündlich verkündet werden. Es war aber wohl Ausnahme, wenn dies von dem Kaiser selbst geschah. Als ein so verkündetes Edikt ist die von M. Aurel im Prätorianerlager verlesene Rede Vat. Fr. 195 zu bezeichnen. Die Urkunde über das Edikt führt den Kaiser redend ein (z. B.

Ti. Claudius Caesar ... dicit[13]). Das Edikt wird öffentlich auf eine wohl wechselnd bestimmte Zeit angeschlagen, zunächst in der Residenz des Kaisers, je nach Umständen auch an andern Orten. Dass bei Publikation im weiteren Bereiche die Mitwirkung der örtlich zuständigen Beamten in Anspruch genommen wurde, ist natürlich[14]). Man darf aber zweifeln, ob immer für die angemessene Publikation allgemeiner Rechtssätze im ganzen Reich Sorge getragen ist.

2. *Mandata* sind die Instruktionen, welche der Kaiser den ihm untergebenen Beamten, einschliesslich der Statthalter der Senatsprovinzen, die seiner Oberaufsicht unterstehen, erteilt. Analog dem privatrechtlichen Mandatsbegriff gelten diese Instruktionen nur für den Beamten persönlich, dem sie erteilt sind, und nur für die Dauer der Regierung des Kaisers, der sie erteilt hat. Es bildete sich aber ein für alle Beamten ständiger, beim Regierungs- und Beamtenwechsel regelmässig erneuerter Grundstock von Mandaten (ähnlich den tralaticischen Edikten), ein Mandaten-Buch mit einer Anzahl ständiger Kapitel. Hierdurch sind eine Reihe von neuen Rechtssätzen aufgestellt, die man nicht mehr bloss als Dienstinstruktionen für die Beamten, sondern als unmittelbar für die Rechtsunterthanen geltende Vorschriften und zwar als *ius civile* auffasste, ähnlich wie bei den zunächst Amtsinstruktionen aufstellenden Senatuskonsulten (ob. S. 26 f.). Z. B. die Anerkennung des formlosen Soldatentestaments, aus welchem zivile Erbschaft erworben werden kann[15]), beruht auf einem seit Trajan ständig den Mandaten inserierten Kapitel[16]). Die Ehe von Provinzialbeamten und Soldaten in der Provinz mit Provinzialinnen war in den Mandaten verboten und wird *iure civili* als nichtig angesehen[17]).

Wie es scheint, ist Veröffentlichung das Publikum inter-
essierender Bestimmungen der Mandate durch Edikte der
Statthalter wenigstens vorgekommen [18]).

3. *Decretum* bezeichnet allgemein die Verfügung in
Verwaltungs- und Justizsachen. *Decretum principis* wird
von Papinian D. I, 1, 7 pr. offenbar in ganz allgemeinem
Sinne statt *constitutio principis* gebraucht. Wenn das prätorische Edikt (wenigstens in der Hadrianischen Fassung)
wiederholt erklärt, sich nach *edicta* und *decreta principis*
richten zu wollen [19]), so muss *decretum* ebenfalls in einem
allgemeineren Sinne gebraucht sein; es ist wenigstens
nicht einzusehen, warum das prätorische Edikt die
schriftlichen Erlasse des Kaisers weniger respektieren
sollte als die Dekrete im engeren Sinne. In diesem
engeren Sinne ist *decretum principis* die mündlich ver-
kündete und auf mündliche Verhandlung ergangene Entscheidung in einem Prozesse, sei es Endurteil oder
Zwischenverfügung *(interlocutio).* Derartige von dem
Kaiser in Ausübung der Zivil- wie Strafgerichtsbarkeit
zum Teil in letzter, zum Teil in einziger Instanz ver-
kündete Bescheide beruhen zunächst auf Anwendung des
geltenden Rechts, welches der Kaiser jedoch, wie andere
zur Rechtsanwendung und Rechtsauslegung berufene Faktoren auch, fortbildend interpretiert. Und zwar so frei, dass
die Interpretation vielfach in die Aufstellung ganz neuer
Rechtssätze übergeht, wie z. B. in dem berühmten *decretum divi Marci* [20]). Die von dem Kaiser getroffene
Entscheidung des einzelnen Falles hat R e c h t s k r a f t; die
G e s e t z e s k r a f t des Dekrets bedeutet, dass die in ihm
hervortretenden, die Entscheidung begründenden Rechtssätze auch für andere Fälle massgebend sind.

Das Dekret wie die ganze Verhandlung, zu der es

gehört, wird in die Protokolle der kaiserlichen Amtshandlungen (*commentarii*, ὑπομνήματα) aufgenommen
(*Caesar dixit*)[21]. Die Publizität der Dekrete als gesetzgeberischer Akte konnte als durch die Öffentlichkeit der
Verhandlungen gegeben angesehen werden; den Interessenten scheint Abschrift der Protokolle nicht sowohl
erteilt als vielmehr ihnen nur gestattet zu sein, sie selbst
zu nehmen[22]. Ausnahme, besonders durch die Stellung des
Adressaten motiviert, wird es gewesen sein, wenn mittels
kaiserlichen Schreibens ihm Protokollauszug zugefertigt
wird, wie in dem Schreiben Domitians an die Gemeinde-
organe von Falerio (unt. § 10, VI, 4).

4. Schriftliche Erlasse des Kaisers an eine bestimmte
Adresse sind *epistolae*, und wenn sie unter eine Eingabe
gesetzt sind, *subscriptiones*. Reskripte können sie streng
genommen nur genannt werden, wenn sie, selbständig
oder als *subscriptio*, Antwort auf eine Eingabe sind. Doch
erlaubt man sich, den Ausdruck Reskript auch wohl auf
Erlasse auszudehnen, die diesen Charakter nicht haben.

a) Es kommen generelle Verordnungen der Kaiser
in Form von Schreiben an einzelne Beamte vor, z. B. das
unten § 10, VI, 5 aufgeführte Schreiben Trajan's über
das Erbrecht der Soldatenkinder. Ein solcher Erlass
kann, aber muss nicht auf Anregung des Adressaten ergangen sein. Liegt er uns unter der Adresse eines Beamten vor, so schliesst das natürlich nicht aus, dass er gleich-
lautend an andere ergangen ist. Vielmehr werden derartige Erlasse oft an alle Beamten, die ihr Inhalt anging,
zugleich erlassen sein; wir können aber nicht behaupten,
dass dies immer geschah und für die Gemeinverbindlich-
keit des Erlasses als erforderlich angesehen wurde. Wo
wir heute litterarisch einen Erlass rein generellen Inhalts

an einen Beamten vor uns sehen, ist übrigens mit der Möglichkeit zu rechnen, dass er dennoch zur Regelung eines Spezialfalles ergangen, und die Beziehung auf diesen in der Überlieferung verloren gegangen ist.

b) Allgemeine Anordnungen enthalten regelmässig auch die Erlasse an die Städtetage (*communia*, ϰοινά) einer Provinz, die wohl regelmässig durch eine Eingabe derselben veranlasst wurden. Sie können für die Provinz allein ergehen[23]), aber auch gemeines Reichsrecht begründen, und dies nach ausdrücklichem Zeugnis, trotzdem kein anderer Publikationsakt als der Erlass an den einzelnen Städtetag vorliegt[24]). Auch an eine einzelne Stadtgemeinde sind gelegentlich allgemeine Rechtsvorschriften reskribiert und daraufhin als gemeingültig behandelt worden[25]).

c) Die Erlasse in speziellen Verwaltungs- und Justizangelegenheiten sind wohl durchweg Reskripte im eigentlichen Sinne; zumal in Justizsachen ist Verfügung ohne Eingabe kaum denkbar. Auch das Verwaltungsreskript ist rechtsanwendender Natur und von der Gesetzeskraft der in ihm hervortretenden objektiven Rechtssätze nicht ausgeschlossen. Die Hauptrolle fällt aber den Justizreskripten zu. Diese wollen wie die Dekrete zunächst das geltende Recht anwenden; aber wie bei jenen wird daraus Rechtsfortbildung, und während die eigene Kognition des Kaisers nur beschränkt ausführbar war, ist das Eingreifen der Reskripte ein sehr umfassendes gewesen. Allerdings gibt es auch viele Reskripte, die nichts sind als Wiedergabe des geltenden Rechts und dabei oft auf die Zweifellosigkeit der behandelten Frage selbst hinweisen[26]). Ihre Gesetzeskraft bedeutet wie bei den Dekreten: Geltung der in ihnen ausgesprochenen oder durch Auslegung aus ihnen zu gewinnenden objektiven Rechtssätze auch für andere

Fälle als den konkreten, in welchem das Reskript erging. Zu unterscheiden sind Reskripte auf Bericht eines Beamten und auf Parteiantrag.

Der zur Entscheidung berufene höhere Beamte, und zwar wahrscheinlich nur ein solcher, von dem auch die Appellation an den Kaiser geht [27]), kann, wenn er zweifelt, die Sache mittels Berichts (*consultatio, relatio*) dem Kaiser vorlegen und die Entscheidung von ihm erbitten. Das Reskript an den Beamten entscheidet dann auf Grundlage der in dem Bericht enthaltenen Sachdarstellung und kann eine Zwischenverfügung wie ein Endurteil sein; es ist den Parteien von dem Beamten zu eröffnen. Es kann durch Appellation an den Kaiser angefochten werden mit der Behauptung, dass der Bericht die Sachlage unrichtig dargestellt habe [28]). War jedoch der Bericht der Partei abschriftlich mitgeteilt, so hätte sie die Appellation sofort gegen ihn richten müssen und kann gegen den Inhalt des Reskripts nicht mehr appellieren [29]).

Auf den Antrag einer Partei (*libellus, preces, supplicatio*) kann der Kaiser, wie er berechtigt ist, die Untersuchung und Entscheidung selbst zu übernehmen, so auch die Sache an einen besonderen Richter verweisen [30]) und diesen instruieren, beides wohl mittels unmittelbaren Erlasses an ihn. Er kann auch, ohne die Sache dem ordentlichen Richter zu entziehen, mittels Erlasses an diesen Anweisungen über die rechtliche Behandlung der Sache erteilen [31]). Am häufigsten aber sind die Reskripte an die Partei selbst, in welchen der Kaiser sich über die auf die Sache anwendbaren Rechtssätze ausspricht.

Eine Nachricht von Trajan [32]) scheint sagen zu wollen, dass er solche Rechtsbelehrungen nicht erteilt hat, fraglich, ob nach dem Beispiel früherer Kaiser oder im Gegensatz zu ihnen. Seit Hadrian dagegen haben die Kaiser in unzähligen Fällen Reskripte dieser Art erlassen, welche die Hauptmasse der uns erhaltenen kaiserlichen Konstitutionen bilden. Das Reskript kann sich begnügen, abstrakte Rechtssätze hinzustellen. So erscheinen vielfach Reskripte des Codex Justinianus, was freilich zum guten Teil auf Umarbeitung durch dessen Verfasser beruht. Wenn das Reskript eine Entscheidung des konkreten Falles gibt, so kann diese, weil auf einseitigem Parteivortrag beruhend, nur eine bedingte sein, abhängig von der im Prozess zum Austrag zu bringenden Voraussetzung, dass die von der Partei vorgetragenen erheblichen Thatsachen wahr, und nicht andere wahr sind, welche eine andere Entscheidung zu begründen geeignet wären. Die Reskripte zeigen das meist in irgend einer Art durch ihre Fassung, *si vera sunt, quae precibus complexa es* [33]), oder gewöhnlich indem sie Entscheidung von den und den thatsächlichen Bedingungen abhängig machen. Hierbei ist aber zu beachten, dass diese Bedingungen nicht immer Behauptungen der Bittschrift entsprechen, sondern oft auch die Kaiser erst darauf aufmerksam zu machen scheinen, was die Partei vorbringen muss, auch verschiedene Eventualitäten berücksichtigen. In vielen Fällen haben die Kaiser aber auch die Partei einfach an den ordentlichen Richter verwiesen, ohne auf die Sache selbst einzugehen [34]). Es ist natürlich, dass die meisten Reskripte von klagelustigen Parteien erwirkt wurden, auch solche an Klagebedrohte aber kommen vor [35]). Das Reskript vor Gericht zu produzieren ist Sache der Partei.

d) Beamte, Stadtgemeinden und Städteverbände erhielten die an sie gerichteten Erlasse in Form eines selbständigen kaiserlichen Briefes. Die Veröffentlichung wird bei den an Stadtgemeinden und Städteverbände gerichteten den Adressaten überlassen sein [36]). Anlangend die an Beamte gerichteten, so enthält das obenerwähnte Schreiben Trajans den Publikationsauftrag und ist daraufhin in zwei Legionslagern öffentlich angeschlagen. Ähnliche Aufträge mögen auch sonst bei Erlassen erfolgt sein, die für das Publikum von Interesse waren, mochten sie allgemeine Vorschriften allein oder in Verbindung mit Verfügungen über einen Einzelfall enthalten.

An Private ergeht das Reskript gewöhnlich mittels *subscriptio* unter der Eingabe. Dass die Eingabe mit dem Original einer solchen vom Kaiser selbst gezeichneten Fussverfügung an Private ausgehändigt wurde [37]), — nach Umständen durch Vermittelung eines Provinzialstatthalters [38]) oder anderer Beamter — ist sicher vorgekommen. Gewöhnlich aber geschah dies nicht, sondern wurden periodisch die Eingaben mit daruntergesetzten Reskripten vereinigt zu einem *liber libellorum rescriptorum* in der Residenz des Kaisers öffentlich ausgehängt und blieb dem Bittsteller überlassen, sich daraus eine beglaubigte Abschrift in Form einer Zeugenurkunde zu nehmen. Hierdurch sparte man die Zustellung an die Partei und hatte zugleich eine Publikation des gesetzgleichen Inhalts der Reskripte. Dieses Verfahren ist neuestens klar gestellt durch das Reskript Gordians an einen Vertreter der Skaptoparener (unt. § 10, VI). Die uns erhaltenen Reskripte tragen meistens den Vermerk dieser Proposition (im Codex Justinianus von Antoninus Pius an [39]), die man trotzdem bis zur Auffindung der eben genannten Urkunde meistens bezweifeln zu müssen glaubte.

Die Sprache der Erlasse ist nur in seltenen Fällen griechisch, durchaus regelmässig lateinisch. Gleichviel ob selbständige *epistola* oder *subscriptio*, beginnt der Erlass mit der Bezeichnung des Kaisers, von dem er ausgeht; im Falle der Mitregentschaft ergeht er jedoch stets im Namen beider Kaiser; dann folgt die Bezeichnung des Adressaten, bei Notabeln mit Grussformel (*salutem dicit*[40]), später *have . . . carissime nobis*[41])), dann folgt der Text; hierauf die eigenhändige Unterschrift des Kaisers, nicht mit dem Namen sondern mit dem Wort *scripsi, rescripsi*[42]) oder mit einer Grussformel (*vale*)[43]). Daran schliesst sich das in seiner genauen Bedeutung noch nicht sicher gestellte *recognovi* des ausfertigenden Kanzleibeamten[44]). Am wahrscheinlichsten ist es die Konstatierung der Übereinstimmung der Reinschrift mit dem Entwurf und wird zeitlich vor der kaiserlichen Zeichnung auf die Reinschrift gesetzt, gerade wie heutige Gegenzeichnungen. Es folgt dann gewöhnlich die Angabe des Tages der Ausfertigung mit dem Stichwort *data* (oder *subscripta*[45])). Der Beamte, welcher den Erlass empfängt, setzt ein „Präsentatum" darunter: *accepta*[46]). Steht dies auf einem Erlass an einen Privaten[47]), so ist das freilich auffällig, kann sich aber daraus erklären, dass der Erlass durch Vermittelung eines Beamten dem Adressaten zugestellt ist. Der Vermerk des erfolgten öffentlichen Aushangs hat das Stichwort *proposita* (*pp.*)[48]). Es ist aber in den Formalien manches schwankend und zweifelhaft.

Auch die schriftlichen Erlasse des Kaisers werden in dessen *Commentarii* eingetragen[49]). Die *Semestria* M. Aurel's[50]) waren offenbar eine halbjährliche Sammlung von Konstitutionen; über ihre Natur lässt sich aber sonst nichts Sicheres sagen.

II. Seit Diocletian wird der Kaiser der unumschränkte Gesetzgeber. Sein oberster Beirat in Rechtsangelegenheiten ist der *quaestor sacri palatii*. Er ist das erste Mitglied des *Consistorium Principis*, wie seit Diocletian[61]) das vormalige Konsilium heisst. Das Konsistorium, oft auch als *proceres palatii, iudices* bezeichnet, umgibt den Kaiser bei den vor ihm geführten mündlichen Verhandlungen, berät den Kaiser also bei Erlass der Dekrete[52]). Es ist anzunehmen, dass auch bei dem schriftlichen mit Reskript endenden Gerichtsverfahren das Konsistorium zugezogen wurde.

Leges generales sollen nach einer Verordnung von Theodosius II[63]) sowohl im Konsistorium wie im Senat beraten werden. Ob das in Ansehung des Senates immer beobachtet ist, ist fraglich. Mit dem Rückgang der Jurisprudenz hängt es zusammen, dass die kaiserlichen Erlasse sich in juristischer Technik und im Stil verschlechtern. Sie werden schwülstig, oft unklar und zudem prahlerisch. Bis zum Jahre 429 war es Prinzip, dass die in der einen der beiden Reichshälften erlassenen Konstitutionen von selbst auch in der andern gelten. Wie man damit ausgekommen ist, ist freilich sehr problematisch. In einem Erlass vom Jahre 429 klagt Theodosius II über die Unsicherheit des damit gegebenen Rechtszustandes und verfügt deshalb, dass die Gesetze des einen Kaisers in dem Gebiete des andern nur dann gelten sollen, wenn sie diesem übersandt und von ihm angenommen und für seinen Reichsteil publiziert sind[34]).

Die Formen, in denen die kaiserlichen Erlasse sich bewegen, schliessen sich an die der vorigen Epoche an, haben aber doch erhebliche Wandlungen erlitten.

1. Als Formen für allgemeine Rechtsvorschriften (*leges generales*[55]) sind folgende zu unterscheiden.

a) Erlasse an einen der beiden Senate in Rom oder

Konstantinopel, welche ein höherer Beamter durch Verlesen in der Sitzung verkündet. Diese Form ist aus der
oratio principis der früheren Epoche hervorgegangen; der
offizielle Ausdruck ist auch noch *oratio*[56]), aber das bestätigende Senatuskonsult fällt fort.

b) *Edicta*, durch öffentlichen Aushang publiziert,
scheiden sich weiter in zwei Formen.

Das Edikt kann unmittelbar an die Unterthanen (*ad
populum*[57]) oder einzelne Kreise derselben, z. B. die Ein-
wohner der Hauptstadt[58]) gerichtet werden und wird dann
als kaiserliches Edikt aufgestellt. Es kann aber auch,
wie die meisten posttheodosianischen Novellen zeigen, an
einen oder mehrere hohe Reichsbeamte oder an die Provinzialstatthalter oder einen derselben gerichtet werden
mit dem Auftrage, die Publikation, so weit nötig unter
Mitwirkung von ihnen weiter zu beauftragender Behörden,
zu veranlassen. Das kaiserliche Edikt wird dann durch
Beamtenedikte publiziert, welche das kaiserliche in sich
aufnehmen. Die Aushangszeit wird verschieden gewesen
sein. Es tritt vereinzelt im Sinne eines besonders langen
Aushangs die Verfügung auf, dass das Edikt durch das
ganze laufende Jahr stehen bleiben soll. Auch die Anordnung, dass der Erlass in Erz dauernd aufgestellt werden
soll, kommt vor[59]). Vereinzelt ist ein mündliches Edikt
Constantins in Form einer *oratio* an die Soldaten, deren
Protokoll C. Th. VII, 20, 2 zeigt.

2. *Mandata principis* kommen wie früher vor. Die
Bilder der *notitia dignitatum* zeigen noch den *liber man-
datorum*. Im fünften Jahrhundert ist aber die Sitte, den
Beamten beim Amtsantritt ein solches allgemeines Instruk-
tionsbuch mitzugeben, unterbrochen. Justinian stellte im
Jahre 535 (nov. 17) eine neue allgemeine Instruktion fest.

3. Kaiserliche Verfügungen für den Einzelfall haben auch jetzt die Form des schriftlichen Erlasses oder des mündlich verkündeten protokollierten Dekrets[60]). Protokollabschrift wird wie sonst, so auch bei dem Kaisergericht jetzt amtlich erteilt sein[61]). Die Dekrete treten aber jetzt noch mehr zurück, seit die Appellation an den Kaiser die Form der *appellatio more consultationis* annimmt. Ähnlich nämlich wie der Richter vor dem Spruch die Sache dem Kaiser mittels Berichts zur Entscheidung vorlegen konnte, wird sie hier nach dem Spruch auf erhobene Appellation berichtlich mit Akten eingesandt, und die Entscheidung erfolgt mittels Reskripts. Sowohl bei diesem Appellationsverfahren, wie bei der *consultatio ante sententiam* muss jetzt der Beamte den Bericht den Parteien zur Vorbringung ihrer Einwendungen vorlegen[62]). Ist dies befolgt, so fällt die Appellation gegen den Inhalt des Reskripts weg; wegen nicht erteilter Berichtsabschrift oder versäumter Akteneinsendung findet Beschwerde an den Kaiser statt[63]). Dieses Verfahren hat aber manche Wandlungen erlebt; man kehrte zur mündlichen Verhandlung zurück und führte diese sogar für die *consultatio ante sententiam* ein[64]). Die letztere hat Justinian in nov. 125 a. 543 ganz verboten.

Das auf einseitigen Parteivortrag ergangene Reskript gilt auch jetzt nur unter der Bedingung der Wahrheit und Vollständigkeit des vorgetragenen Thatbestandes (*praescriptio mendaciorum*[65]), nach einer Verordnung Zenos soll die Bedingung: *si preces veritate nituntur*, stets dem Reskript eingefügt werden[66]). Von öffentlichem Aushang der an Privatpersonen gerichteten Erlasse verlautet jetzt nichts mehr. Eine Konstitution Diocletians setzt voraus, dass sie zugestellt werden, und verfügt, dass es im Original geschehen soll[67]).

Die Gesetzeskraft der Reskripte hatte zu schlechten Erfahrungen geführt, indem von dem Kaiser solche erschlichen wurden, welche eine von ihm nicht beabsichtigte Abweichung vom bisherigen Rechte enthielten. Zudem mochte man es der juristischen Auslegung, der die Kaiser überhaupt feindlich entgegentraten [unt. § 16] und die ihre alte Kraft verloren hatte, nicht mehr überlassen wollen, festzustellen, was vom Kaiser als Einzelverfügung, und was als Gesetz beabsichtigt wäre. Darum verfügte Constantin, dass Reskripte, welche wider das bestehende Recht verstiessen, nichtig sein sollten[68]), Arcadius verordnete, auf Consultatio ergangene Reskripte sollten nicht über den Fall hinaus gelten, in dem sie erlassen wären, entzog ihnen also die Gesetzeskraft[69]). Valentinian III. bestimmte[70]), dass Gesetzeskraft nur den an den Senat erlassenen und denjenigen Verfügungen beiwohnen solle, welche sich als Edikt oder *lex generalis* bezeichnen, ihre Publikation durch Aushang anordnen oder sonst zu erkennen geben, dass sie gemeingültig sein wollen. Es gehören dahin also namentlich auch die Konstitutionen, in denen mit Entscheidung des Spezialfalles deutliche generelle Bestimmungen verbunden sind[71]). Ausgeschlossen von der Gesetzeskraft wurden, wie es scheint nicht bloss die unter diese Kategorien nicht fallenden Reskripte, sondern auch die Dekrete[72]). Nach justinianischem Recht haben aber Dekrete immer und Reskripte auch dann Gesetzeskraft, wenn sie bestehendes Recht nur auslegen[73]).

Annotatio sieht nach einem Zeugnis[74]) aus wie das Konzept eines Reskripts, kommt aber auch mit Reskript gleichbedeutend und ferner in dem Sinne einer nicht genauer bestimmbaren, manchmal dem gewöhnlichen Reskript gegenüber ausgezeichneten Nebenform der Reskripte vor[75]).

4. *Pragmatica sanctio* (*pragmatica lex, forma* oder auch nur *pragmatica*) scheint dem Worte nach ein Erlass zu sein, der ein πρᾶγμα, eine Angelegenheit betrifft. Die Pragmatica ist aber keine gewöhnliche spezielle Verwaltungs- oder Justizverfügung, sondern betrifft Angelegenheiten des öffentlichen Interesses. Ihre Grenze ist freilich weder gegen die Reskripte noch gegen die *leges generales* scharf gezogen. Ihre Bestimmungen sind teils allgemeiner, teils spezieller Natur; aber auch wenn sie eine reine Einzelverfügung betreffen, wie die Avocation eines Strafprozesses vom ordentlichen Richter, tritt doch hervor, dass dies im öffentlichen Interesse geschieht[76]). Anderseits tritt auch bei den allgemeinen Anordnungen ein spezieller Anlass, ein besonderer Bericht eines Beamten[77]) oder eine Petition hervor, auf die sie ergangen sind. So erging nov. Just. 162 auf einen Bericht eines Präfektus Prätorio über Kontroversen der Advokaten seines Gerichtshofes, das Edikt VII Justinians auf Petition der Korporation der Argentarier, die Verordnung Justinians zur Regelung der Rechtsverhältnisse Italiens nach der Wiedereroberung auf Vorstellung des Vigilius, Bischofs von Rom, *pro petitione Vigilii*[78]). Auch das Schreiben, mittels dessen ein Kaiser demjenigen der andern Reichshälfte seine Konstitutionen zum Zwecke der Einführung in dem Gebiet des Adressaten zusendet, erscheint als Pragmatica[79]). Hierbei ist ein Gesuch um Übersendung nicht vorausgesetzt; dass aber sonst die pragmatischen Sanktionen regelmässig auf Gesuch ergehen, zeigen die Bestimmungen Zenos[80]), nach denen sie wie die Reskripte nur mit Hinzufügung der Bedingung *si preces veritate nituntur* erlassen werden, über-

haupt aber nicht an einzelne, sondern nur in öffentlichem Interesse an Provinzen, Gemeinden, Korporationen, Beamtenkollegien oder sonstige Personengemeinschaften ergehen sollen. Anastasius[81]) hat ihnen die Geltung im Widerspruch mit *leges generales* abgesprochen. Justinian liess bei Erlass des Codex Justinianus den bisherigen pragmatischen Sanktionen ihre Kraft, so weit sie Privilegien aufstellten, dagegen, insoweit sie allgemeine Rechtssätze aufstellten, nur, falls sie dem Codex nicht widersprachen[82]).

5. Bei sämtlichen schriftlichen Erlassen des Kaisers sind die äusseren Formen ähnlich denen der früheren Zeit. Sie sind noch immer regelmässig lateinisch, doch mehren sich die griechischen gegen die justinianische Zeit. Sie beginnen mit dem Namen des oder der Kaiser. Fast bis zum Untergang des westlichen Reiches erscheinen stets die Namen der Kaiser beider Reichshälften. Die Adresse ist je nach Umständen verschieden: *populo Romano — consulibus praetoribus tribunis plebis senatui suo salutem dicunt*[83]) — *have Ablavi carissime nobis*[84]) — (an einen Präfektus Prätorio), an niederer Stehende natürlich einfacher. Auf den Text folgt die eigenhändige Zeichnung des Kaisers. Bei den zu unmittelbarem Aushang bestimmten Edikten besteht sie in der Verfügung: *proponatur amantissimo nostro populo Romano*[85]); bei Erlassen an den Senat oder hohe Beamte ist sie ein mehr oder minder feierlicher Gruss[86]). Bei Schreiben an untergeordnetere Personen mochte das bis zu dem einfachen *scripsi* heruntersinken. Die Zeichnung erfolgt mit einer dem Kaiser allein vorbehaltenen Purpurtinte[87]). Über die Gegenzeichnung[88]) sind wir nicht genau unterrichtet. Justinian bestimmte, wohl kaum als etwas Neues, sondern

im Sinne der Einschärfung, dass jeder Erlass vom Quästor sacri palatii in bestimmter Weise gegenzuzeichnen sei [89]). Unter dem Erlass wird das Datum der Ausfertigung bemerkt (*data*), auch notiert, an wen gleichlautende Erlasse ergehen [90]). Ferner wird bei Erlassen an den Senat die Verlesung beurkundet (*recitata*)[91]). Bei dem den Erlass empfangenden Beamten erfolgt Präsentierung(*accepta*[92]), Registrierung *(regesta)*[93]) und Beurkundung des etwa erfolgten Aushangs (*proposita*)[94]), vollständiger mit der Angabe, dass er die Konstitution mittels seines Edikts bekannt gemacht habe (*antelata edicto, proposita sub edicto*[95]).

Für die Sammlung der Erlasse im kaiserlichen Archiv ist natürlich auch in dieser Zeit Sorge getragen; wie es scheint, vorzugsweise bei dem Quästor sacri palatii[96]). Doch ist dieser nicht allein damit betraut gewesen. Das vom östlichen Hofe übersandte Exemplar des Codex Theodosianus hat im Westreich der Präfectus Prätorio aufbewahrt; eine Abschrift erhielt der Präfectus urbi, eine zweite die Constitutionarii, um daraus Abschriften an das Publikum herauszugeben. Da sie aber als solche bezeichnet werden *quos iam dudum huic officio (scl. constitutionariorum) inservire practer culpam probamus*, so ist anzunehmen, dass diese Behörde schon früher mit der Funktion bestand, das Bedürfnis nach Abschriften kaiserlicher Konstitutionen für das Publikum zu decken[97]). Justinian liess seine Novellen in eine *congregatio*, einen *liber legum* eintragen [98]).

---

¹) Gai. 1, 5. — ²) Nicht recht deutlich spricht von einer Kontroverse C. J. I, 14, 12, 2 (1). — ³) Gai. 1, 2. 5. Pompon. D. I. 2, 2, 11. 12. Papin. D. I, 1, 7 pr. Ulp. D. I, 4, 1. — ⁴) Lex de imp. Vespas. lin. 17 sqq. — ⁵) D. I, 4, 1, 2. — ⁶) Gai. 1, 5. Ulp.

D. I 4, 1, 1. — [7]) Mitteilungen aus Beratungen: D. IV, 4, 38. XLIX,
14, 50. — [8]) Hist. Aug. Alex. Severus 16, 1. — [9]) D. XVI, 1, 2 pr.
— [10]) D. XL, 15, 4. — [11]) D. XLII, 5, 24, 1. vgl. ferner C. J. X, 61
(59), 1. -- [12]) Der beste Beweis dafür ist, dass ein Edikt des Augustus
als später aufgehoben bezeugt ist, also mit seinem Tode nicht von
selbst gefallen war. D. XXVIII, 2, 26. — [13]) Ed. Claudii de civitate
Anaunor. unt. § 10, VI, 2. — [14]) Das Edikt des Claudius zu gunsten
der Juden bei Joseph. antiqu. 19, 5, 5 (Hänel corp. leg. p. 45 sq.)
sollte von den Magistraten aller Stadtgemeinden in Italien und ausserhalb desselben und von den verbündeten Fürsten mindestens 30 Tage
ausgehängt werden; die Publikation in Rom wird, offenbar als selbst-
verständlich, übergangen. — [15]) D. XXIX, 1, 15, 1: *hereditatem
dare potest.* — [16]) *Mandatis inseri coepit caput tale cet.* [D. XXIX, 1, 1 pr.]
— [17]) XXIV, 1, 3, 1. vergl. ferner D. XLVIII, 19, 27, 2. — [18]) Hierauf
beziehe ich die Nachricht, dass Antoninus Pius als Statthalter von Asia
ein Kapitel der Mandate *sub edicto* proposuit. D. XLVIII, 3, 6, 1. —
[19]) D. III, 1, 1, 8. IV, 6, 1, 1. XLIII, 8, 2 pr. — [20]) D. IV, 2, 13.
XLVIII, 7, 7. — [21]) D. IV, 2, 13. C. J. VII, 62, 1. — [22]) *Sententiam Divi Patris mei, si quid pro sententia dixit describere tibi permitto.*
Reskript von Antoninus Pius unt. § 10, VI, 6. — [23]) D. I, 16, 4, 5. —
[24]) D. XXVII, 1, 6, 2. ἐπιστολῆς Ἀντωνίνου τοῦ Εὐσεβοῦς, γραφείσης
μὲν τῷ κοινῷ τῆς Ἀσίας, παντὶ δὲ τῷ κόσμῳ διαφερούσης vergl.
ferner D. V, 1, 37. XLIX, 1, 1, 1. fr. 25. — [25]) D. XLVIII, 3, 3. —
[26]) Z. B. C. J. II, 3, 6. II, 4, 32. III, 28, 9. 15. — [27]) Der Legatus
Proconsulis, von welchem an den Prokonsul appelliert wird, (D. XLIX,
3, 2) soll auch die Konsultation nicht an den Kaiser, sondern an
seinen Prokonsul richten (D. I, 16, 6, 2). — [28]) D. XLIX, 1, 1. 2.
XLIX, 4, 1 pr. C. J. VII, 62, 2. — [29]) D. XLIX, 4, 3. — [30]) D. IV,
4, 18, 4. — [31]) vergl. D. XXXIV, 1, 3. XLII, 1, 33. XLVIII, 6, 6. —
[32]) Histor. August. Macrin. 13. — [33]) C. J. II, 4, 13. -- [34]) D. I, 18, 8, 9. —
[35]) C. J. II, 4, 15. -- [36]) Vgl. Schluss des Schreibens Vespasians an die Saborenser (unten § 10, VI, 3), und desjenigen Domitians an die Falerienser (unt. § 10, VI, 4); auch das. 8. — [37]) Das Reskript des
Commodus (unt. § 10, VI, 7) scheint Lurius Lucullus selbst in Händen
gehabt zu haben. -- [38]) Plin. et Trai. ep. 107 (108); zu lesen wird
sein: *libellum rescriptum.* — [39]) C. J. II, 12 (13), 1. — [40]) Schreiben
Vespasians und Domitians an Gemeinden unt. § 10, VI, 3—4. —
[41]) Diocletian C. J. VII, 62, 9. IX, 2, 11. — [42]) Schreiben des Com-

modus unt. § 10, VI, 7 ; Gordians an die Skaptoparener unt. § 10,
VI, 9. — [43]) Schreiben Vespasians an die Saborenser, Domitians an
die Falerienser. — [44]) Vgl. die unt. § 10, VI, 6. 7. 9 aufgeführten
Urkunden. — [45]) Z. B. C. J. IV, 26, 1. 3. 6. 7. 8—12. — [46]) Vergl.,
allerdings der folgenden Epoche angehörig: nov. Val. 10, 1. — [47]) Z.
B. C. J. II, 12 (13), 2. II, 20 (21), 1. — [48]) Z. B. C. J. II, 18 (19),
1—16. — [49]) Plin. et Trai. epp. 65 (71). 66 (72). 95 (96). 105 (106). — [50]) D.
II, 14, 46. XVIII, 7, 10. — [51]) C. J. IX, 47, 12. — [52]) Diocl. C. J.
IX, 47, 12. Constant. C. Th. VIII, 15, 1. Jul. C. Th. XI, 39, 5. Theod.
I. C. Th. XI, 39, 8. Just. C. J. VII, 62, 37, 2. c 39, 1a (1). VII, 63, 5, 2. 3. VII, 64,
10 pr. — [53]) C. J. I, 14, 8. — [54]) C. Th. I, 1, 5 vgl. auch nov. Theod. I, 5. — [55]) C.
J. I, 14, 3, 1. — [56]) C. Th. IV, 1, 1 *hac oratione sancimus.* C. J. I, 14, 3
missa ad venerabilem coetum oratione conduntur. — [57]) Nov. Val. 9, 1.
— [58]) Nov. Val. 14, 1. — [59]) C. Th. II, 27, 1, 6. XIV, 4, 4. — [60]) C. J. IX,
47, 12. C. Th. VIII, 15, 1. XI, 39, 5. 8. — [61]) Vgl. C. J. VII 62,
32, 2. 4a. *Scripta litigatoribus edere.* — [62]) C. Th. XI, 30, 1. —
[63]) C. Th. XI, 30, 6. — [64]) Paulys Realencyklopädie der klassischen
Altertumswissenschaft unt. d. W. *appellatio* IV, 4. — [65]) C. J. I, 22,
2—5. — [66]) C. J. I, 23, 7. — [67]) C. J. I, 23, 3. — [68]) C. Th. I, 2,
2. — [69]) C. Th. I, 2, 11. — [70]) C. J. I, 14, 2. 3. — [71]) Z. B. nov.
Val. 8, 1. — [72]) *Interlocutionibus quas in uno negotio iudicantes protu-
limus vel postea proferemus.* C. J. I, 14, 3, 1. — [73]) C. J. I. 14, 12. — [74]) C. Th. I, 2
1. — [75]) C. Th. IV, 14, 1. V, 13, 30. nov. Val. 19, 1, 3. — [76]) Nov.
Just. 69 c. 4 pr. — [77]) Nov. Val. 7, 3, 1: *suggestio* des *comes sacrarum
largitionum.* — [78]) Corp. iur. civ. III p. 799 sqq. — [79]) Nov. Theod. 1, 5.
— [80]) C. J. I, 23, 7. — [81]) C. J. I, 22, 6. — [82]) C. Summa § 4.
— [83]) Nov. Val. 1, 3. — [84]) Schreiben Constantins an den Präfectus
Prätorio unt. § 10, VI, 13. — [85]) Nov. Val. 9, 1. 14, 1. — [86]) Nov.
Val. 1, 3. nov. 16, 1, 4. nov. 19, 1, 4. — [87]) C. J. I, 23, 6. — [88]) Sub-
scripsi in nov. Val. 19, 1 i. f., 20, 2 i. f. hinter dem Propositionsvermerk,
kann kaum eine solche sein. — [89]) Nov. Just. 114. — [90]) Nov. Martiani 2.
1, 7. — [91]) Nov. Val. 1, 3, 7. — [92]) Nov. Val. 10, 1, 4. 20, 2, 6. —
[93]) C. Th. XI, 28, 14. nov. Theod. 1, 1, 6. — [94]) Nov. Val. 2, 2, 5.
nov. 11, 1, 2. — [95]) Nov. Val. 20, 1, 6. 22, 1, 9. Nov. Val. 26, 1, 8.
— [96]) Ihm legen die Bilder der Notitia dignitatum ein Haus mit der
Aufschrift *leges salutares* bei. — [97]) Vgl. das Senatsprotokoll über
Einführung des Codex Theodosianus. — [98]) C. Cordi. § 4. nov. 17 pr.
nov. 26 c. 5 § 1. —

§ 10. Die Überlieferung der vorjustiniani- schen Konstitutionen.

Die dem Text oder wenigstens dem Inhalt nach erhaltenen kaiserlichen Konstitutionen zählen nach vielen
Tausenden. Zunächst haben die Juristen, denen nicht
bloss die amtlich publizierten Erlasse zu Gebote standen,
sondern deren viele auch durch ihre hohen Staatsstellungen
freiesten Zugang zu den kaiserlichen Archiven hatten, die
Konstitutionen in ihren Schriften verarbeitet, auch besondere Sammlungen davon veröffentlicht, wie Papirius
Justus *(constitutionum libri XX)* und Paulus *(decretorum
libri III, imperialium sententiarum libri VI)*. Für dieses
Material sind wir also auf die Überlieferung der Juristenschriften, insbesondere auf die Digesten Justinians ange-
wiesen. Vieles bringt die nichtjuristische Litteratur, namentlich auch Konzilienakten und kirchliche Sammelwerke, manches geben Jnschriften und Urkunden. Eine
Sammlung der Konstitutionen vor Justinian ist Haenel:
*corpus legum ab imperatoribus Romanis ante Justinianum
latarum* (Leipzig 1857). Die in den drei Codices, den posttheodosianischen Novellen und der sirmondinischen Sammlung (unt. II—V) enthaltenen Konstitutionen sind in diesem
Werke nur chronologisch registriert, die sonst überlieferten in
chronologischer Folge abgedruckt. Personen-, Orts- und
Sachregister sind hinzugefügt. Das Ganze ist, wenn auch
in vieler Beziehung mangelhaft, so doch höchst dankens-
wert und durch nichts Besseres ersetzt. Hervorzuheben
ist Folgendes.

I. Die Reskripte Trajans an den jüngeren Plinius
auf die von ihm als Statthalter von Bithynien *(legatus
Augusti pro praetore consulari potestate*, wahrscheinlich in

den J. 111—113 n. Chr.) erstatteten Berichte in dem Briefwechsel zwischen Plinius und Trajan, in den Ausgaben mit der allgemeinen, Briefsammlung des Plinius verbunden und früher als deren 10. Buch behandelt.

II. Besonders wichtig wurden für die Folgezeit zwei Privatarbeiten, der Codex Gregorianus und der Codex Hermogenianus.

1. Der Codex Gregorianus kann von einem Gregorius oder einem Gregorianus herrühren. Er enthielt eingeteilt in Bücher und Titel Konstitutionen der Kaiser bis auf Diocletian. Er war nach den vorliegenden Anführungen historisch gearbeitet und lässt eine besondere Bevorzugung des neuesten Materials nicht erkennen. Eine Konstitution v. J. 290 (Coll. 1, 10, 1) führt die Kaiser Diocletian und Maximian als *domini nostri* ein, was dafür spricht, dass der Verfasser des Codex zu ihrer Regierungszeit schrieb.

2. Der Codex Hermogenianus kann einen Hermogenes oder Hermogenianus zum Verfasser haben; dass es der sonst bekannte Jurist Hermogenianus (§ 14) sei, ist in keiner Weise sicher. Das Werk war kleiner als der C. Gr., nur in Titel eingeteilt; doch darf man es sich keineswegs als unbedeutend vorstellen; wir hören von der 120. Konstitution des 69. Titels (scholia Sinaitica § 5 [§ 17]). Die aus diesem Codex angeführten Konstitutionen gehören, soweit erkennbar, fast ausschliesslich der Zeit Diocletians, die meisten den Jahren 293 und 294 an, und es überwiegen durchaus diejenigen von Diocletian selbst.

3. Beide Codices waren die ausschliessliche Quelle des Codex Justinianus für die älteren Konstitutionen. Im C. J. findet sich nun eine im Verhältnis zu denen der

älteren Kaiser höchst auffallende Masse von Konstitutionen der diocletianischen Zeit und zwar fast ausschliesslich sicher von Diocletian selbst. Diese Masse reicht bis 294, während von da an nur noch sehr spärliche diocletianische Konstitutionen sich finden. Dies ist nur erklärbar, wenn man annimmt, dass beide älteren Codices im Orient geschrieben sind und in ihrem Material mit 294 in der Hauptsache abschlossen. Dann werden beide gleich nach 294 veröffentlicht sein, und der C. H. wird nicht sowohl ein Nachtrag wie ein Seitenstück des C. Gr. genannt werden müssen. Gegenüber der historischen Anlage des C. Gr. war der C. H., wie es scheint, ausschliesslich auf das Neueste gerichtet; vordiocletianische Konstitutionen sind aus ihm überhaupt nicht bekannt.[1]) Der grosse Reichtum des C. J. an diocletianischen Konstitutionen, unter denen wie in den Resten des C. H. die Jahre 293. 294 besonders stark vertreten sind, wird mehr noch auf den C. H. als den C. Gr. zurückgehen. Es ist möglich, dass der Verfasser des C. Gr. noch einzelne Konstitutionen des Jahres 295 selbst eingetragen hat (Coll. 6, 4), und das Gleiche lässt sich von dem Verfasser des C. H. nicht leugnen, obwohl Consult. 5, 7, eine occidentalische Konstitution, wahrscheinlicher ein Nachtrag von anderer Hand ist. Das ganz wenige, was die Verfasser des C. J. aus der Zeit zwischen der so bestimmten ersten Veröffentlichung der CC. Gr. und H. und dem Herrschaftsbereich des C. Th. aufgenommen haben, werden sie aus späteren Nachträgen zu den CC. Gr. und H. kennen, die der erstere ebensowohl erlebt haben kann, wie sie der letztere sicher und zwar auch im Occident erlebt hat. Auf diesem Wege werden namentlich die sieben Konstitutionen (darunter sechs occidentalische) aus den Jahren 364 und 365 in den C. H. gekommen sein, welche Consult. 9, 1—7 daraus anführt[2]). Sowohl vom C. Gr. wie vom C. H. besitzen wir Kunde nur durch ihre Benutzung in spätern Werken, besonders der Lex Romana Wisigothorum (§ 18), der Collatio (§ 17) und der Consultatio (§ 17), auch in den Fragmenta Vaticana (§ 17) und in der Lex Romana Burgundionum (§ 18). Die Ausgabe von Haenel, Codices Gregorianus, Hermogenianus, Theodosianus (Bonn 1842) ist überholt durch die von Krüger, Collectio III p. 221 sqq.

III. Der Codex Theodosianus ist ein Gesetzbuch von Kaiser Theodosius II. Dieser hatte die Absicht, nach dem Vorbilde des C. Gr. und C. H. eine amtliche Sammlung der kaiserlichen Konstitutionen von Konstantin an zu veranstalten. Dabei sollte auch dasjenige Aufnahme finden, was nur noch von geschichtlichem Interesse wäre, durch chronologische Anordnung der Konstitutionen aber deutlich gemacht werden, wie die jüngeren den älteren vorgehen. Dann sollte aus dem so entstandenen und den beiden älteren Codices und aus den Juristenschriften, ein fernerer auf das praktisch Geltende gerichteter zusammengestellt werden. Hierzu bestimmte der Kaiser eine Kommission von acht aktiven und inaktiven Staatsbeamten und einem Advokaten mit dem Rechte der Kooptation (C. Th. I, 1, 5 a. 429). Der Plan ist in diesem Umfange gescheitert, im Jahre 435 aber (C. Th. I, 1, 6) eine neue Kommission aus 16 Staatsbeamten lediglich zur Abfassung des Konstitutionencodex berufen. Sie hatte die Instruktion, die Konstitutionen nach Materien in Titel und innerhalb derselben chronologisch zu ordnen, zu diesem Zwecke die einzelne Konstitution wo nötig zu zerteilen, um jedes Stück in dem geeigneten Titel unterzubringen, nur dasjenige aufzunehmen, was den Charakter des Rechtssatzes hatte, also wegzulassen, was nur auf den Spezialfall sich bezöge, auch sonst Weglassungen, Zusätze, Veränderungen in den Texten nach Ermessen vorzunehmen.

Aus der Arbeit dieser Kommission, von deren ernannten Mitgliedern aber, wie es scheint, nur acht wirklich in Thätigkeit getreten sind — denn nur acht erhalten in nov. Theod. 1 den kaiserlichen Dank für ihre Mitwirkung — entstand der nach kaiserlichem Befehl so benannte Codex Theodosianus. Er wurde im Orient publiziert am 15. Febr. 438 mit Gesetzeskraft vom 1. Jan. 439. Die Konstitutionen seit Konstantin, welche er nicht enthielt, wurden fast sämtlich ausser Kraft gesetzt (nov. Theod. 1, 6). Valentinian III. hiess das Werk gut und liess es im Westreich publizieren. Wir haben noch das interessante Protokoll der Senatssitzung, in welcher der Präfectus Prätorio Anicius Acilius Glabrio den Codex vorlegte. Die Herausgabe von Exemplaren desselben wurde den Constitutionarii ausschliesslich übertragen (vergl. ob. S. 49). Eine Konstitution Valentinians III. bestätigte ihnen dies Recht im J. 443. Diese wie das Senatsprotokoll setzten sie den Exemplaren des C. Th. voran. Der Codex zerfiel in 16, in Titel mit Rubriken geteilte Bücher. Von den Veränderungen, zu denen die Kommission ermächtigt war, hat sie reichlich Gebrauch gemacht. Die chronologische Reihenfolge hat sie zum Teil gewaltsam hergestellt, indem sie Konstitutionen, die ihr undatiert oder mit mangelhaften Daten vorlagen, mit fiktiven Daten versah[3]). Zudem haben die s. g. Inskriptionen, die Angaben der Urheber und Adressaten der Konstitutionen, und die s. g. Subscriptionen, die Datierungen, starke Verderbnisse in den Handschriften erlitten.

Wir haben vom C. Th. nur lückenhafte Handschriften, die aber vielfache Ergänzungen finden durch die Benutzung desselben in späteren Werken, vor allem der Lex Romana Wisigothorum (§ 18). Die Ausgabe der drei Codices von Hänel (ob. II, 3) ist für den Theodosianus noch die neuste und beste; diejenige von Jacobus Gothofredus (1587—1652), erst nach seinem Tode von Marvillius herausgegeben, zuletzt mit Zusätzen von Ritter (Leipzig 1736—1741) ist wegen der mit staunenswerter Gelehrsamkeit geschriebenen Kommentare und Anhänge noch immer unentbehrlich.

IV. Die s. g. posttheodosianischen Novellen sind eine Sammlung nach Erlass des Codex Theodosianus ergangener Konstitutionen *(novellae leges)*. Es entspricht dem allgemeinen Übergewicht des östlichen Reiches über das westliche, dass von dem in Aussicht genommenen Austausch der in beiden Reichshälften ergangenen Konstitutionen (ob. S. 43) nur einseitig Gebrauch gemacht ist, durch Übersendung östlicher Konstitutionen an den westlichen Hof und Acceptation durch diesen. Die Übersendung westlicher Gesetze an das Ostreich ist nicht erweislich und deswegen unwahrscheinlich, weil der Codex Justinianus nachtheodosianische westliche Konstitutionen nicht kennt. Im Westreiche entstand eine Sammlung occidentalischer und orientalischer, dem Westreich übersandter und von ihm acceptierter Novellen. Wir kennen daraus Gesetze von Theodosius II., übersandt an Valentinian III. im Jahre 447 durch nov. Theod. 2, publiziert von Valentinian im J. 448 durch nov. Val. 25, 1, einige Gesetze Marcians aus den Jahren 450—455, eins von Leo, welches Anthemius als das seinige im J. 468 publizierte (nov. Anthem. 3, 1 vgl. 2, 1) und eine Reihe von Gesetzen der westlichen Kaiser Valentinian III., Majorian, Severus, Anthemius. Von dieser Sammlung gibt die Lex Romana Wisigothorum einen Auszug, der in einzelnen ihrer Handschriften aus der uns verlorenen Originalsammlung ergänzt ist. Ausgabe: Haenel, *novellae constitutiones imperatorum Theodosii II cet.* (Bonn 1844), hinter der Ausgabe der drei Codices.

V. Die s. g. sirmondinischen Konstitutionen sind eine von Jacobus Sirmondus 1631 zuerst vollständig herausgegebene, wahrscheinlich in Gallien bald nach 425 veranstaltete Sammlung von (18) Konstitutionen meist kirchenrechtlichen und sehr kirchenfreundlichen Inhalts aus den J. 331 bis 425. Ausgabe: Haenel hinter der eben bezeichneten Novellenausgabe.

VI. Inschriften und Urkunden.

1. *Edictum Augusti de aquaeductu Venafrano.* Enthält Vorschriften über die von Augustus in Venafrum (im Samnitischen) gestiftete Wasserleitung, den *leges dictae* (§ 6) nahestehend; die Magistrate und Decurionen werden ermächtigt, weitere Vorschriften zu erlassen *(leges dicere).* — Berührt werden *cautio damni infecti* und Recuperatorengerichte. Erhalten auf Marmor in Venafro (Bruns I p. 238 sqq.).

2. Ein Edikt von Claudius von 46 n. Chr., welches die Entscheidungen eines kaiserlichen Kommissars über fiskalische Grundstücke gut heisst und zu deren Verkündigung ermächtigt, ferner den Anaunern, Tulliassern und Sindunern (bei Trient) das Bürgerrecht (in Berücksichtigung ihres langen Besitzes desselben!) bestätigt. — Berührt wird das Institut der Richterdecurien. Gefunden 1869 bei Trient auf einer Bronzetafel (Bruns I p. 240 sq.).

3. Zwei auf Bronze erhaltene Reskripte von Vespasian an Magistrate und Decurionen der Vanaciner
(Corsica) und der Saborenser (Spanien) in städtischen Angelegenheiten (Bruns I p. 241 sq.).

4. Ein auf Bronze erhaltenes Schreiben Domitians
vom J. 82 an *quattuorviri* und Decurionen der Falerienser
(Picenum), durch welches ihnen ein von dem Kaiser verkündetes Dekret in einem Streite zwischen den Falerien-
sern und Firmanern zugefertigt wird (Bruns I p. 242 sq.).

5. Ein Reskript Trajans an Simmius, wohl Offizier,
durch welches der Kaiser die bisherige Erbunfähigkeit
der von Soldaten während der Dienstzeit gezeugten Kinder ihren Vätern gegenüber in so weit mildert, dass ihnen
die *bonorum possessio unde proximi cognati* zustehen soll.
Das Reskript war in griechischer Übersetzung angeschlagen in den Winterlagern von zwei Legionen. Erhalten
auf einem ägyptischen Papyrus in Berlin, zuerst 1892
veröffentlicht (Bruns I p. 381 sq.).

6. Ein Reskript des Antoninus Pius v. J. 139 n. Chr.
erlaubt Abschrift von einem Dekret Hadrians zu nehmen
(vgl. ob. S. 37). Marmorinschrift in Smyrna, Corpus
inscription. Latinar. III No. 411. Haenel, Corpus
legum p. 102.

7. Ein Reskript des Commodus an einen Vertreter
der Bewohner des saltus Burunitanus, eines im kaiserlichen
Eigentum stehenden Bezirks in Afrika, betreffend die von
ihnen zu leistenden Frohnden, nebst einem Stück der entsprechenden Bittschrift und einem zugehörigen Schreiben
des kaiserlichen Prokurators jenes Bezirks, daselbst auf
Stein gefunden, zuerst 1880 herausgegeben (Bruns I p.
244 sqq.).

8. Ein Reskript von Severus und Caracalla v. J. 201 n. Chr. an einen Heraclitus, Freiheiten der Tyraner (Bessarabien) bestätigend, inseriert einem zweiten an Ovinius Tertullus, Präses von Untermösien, der das Ganze mittels eines griechischenSchreibensdenTyranern übersendet. Diese veröffentlichten es auf einem Marmor, der (am Anfang unvollständig) am Dnjestr 1847 gefunden wurde (Bruns I p. 246 sqq.).

9. Ein Reskript Gordians v. J. 238 an den Soldaten Pyrrus als Vertreter der Skaptoparener (Thrakien) verweist nur wegen der in der voranstehenden (verstümmelt erhaltenen) Bittschrift vorgebrachten Beschwerden an den Präses Provinciae, ist aber wegen der Formalien sehr wichtig (vgl. ob. S. 41). Erhalten auf einem erst nach seiner Entdeckung stark zerstörten Marmor in Bulgarien, zuerst 1890 veröffentlicht. (Bruns I p. 248 sq. Mommsen, Zeitschrift der Savigny-Stiftung für Rechtsgeschichte Bd. 12, S. 244 ff.).

10. Diocletians Edikt *de pretiis rerum venalium* v. J. 301 n. Chr., eine bei Todesstrafe eingeschärfte Preistaxe für viele Waren und Arbeiten, unvollständig erhalten in einer Anzahl von Inschriften teils im Original, teils in griechischer Übersetzung an verschiedenen Orten des östlichen Reiches (Corpus inscription. Latin. III p. 801 sqq. 1055 bis 1058. 1909 sqq.). (Auch Haenel, Corp. leg. p. 175 sqq.)

11. Ein Reskript (unbekannt welcher Kaiser) an Lepidus, wohl Präses von Pisidien, die Einführung der Decurionats-Verfassung in Tymandus in Pisidien betreffend, interessanter Beleg für das allmähliche Vordringen dieser Verfassung. Neuerdings in Pisidien gefundene Steininschrift. (Bruns I p. 156 sq.).

12. Ein Edikt Constantins vom 1. Jan. 314 über

die Ankläger ist erhalten durch drei einander ergänzende
Steininschriften, von denen eine, altbekannt, nur noch in
Abschriften vorhanden ist, während die beiden anderen
erst kürzlich gefunden wurden (vergl. auch C. Th. IX 5, 1.
C. J. IX, 8, 3). (Bruns I p. 249 sq.)

13. Ein Reskript Constantins und seiner Söhne
an den Präfectus Prätorio Ablavius (zwischen 323 und
326) der Gemeinde Orcistus in Phrygien das Stadtrecht
erneuernd, mittels Schreibens des Ablavius den Or-
cistenern mitgeteilt: der Schluss dieses Schreibens, das
kaiserliche Reskript und der Anfang der Bittschrift der
Orcistener sind erhalten auf Stein bei Orcistus. Ebenda
steht ein zweites, an das erste anknüpfendes Reskript von
Constantin und Constantius v. J. 331 n. Chr. an die Decurionen *(ordo)* von Orcistus (Bruns I p. 157 sqq.).

14. Eine Konstitution Julians *de pedaneis iudi-
cibus* (C. J. 3, 3 5 [C. Th. I, 16, 8]) v. J. 362 n. Chr.,
steht vollständiger auf einem Stein, der 1841 auf der Insel
Amorgos gefunden wurde (Corp. inscript. Latin. III No.
459. Haenel, Corp. leg. p. 212).

15. Reste von zwei Originalausfertigungen lateinischer
Prozessreskripte, wohl des 5. Jahrhunderts, ergangen
auf *preces* der Partei, aber gerichtet an den zur Entscheidung der Sache berufenen Beamten, auf Papyrusblättern
in Oberägypten gefunden. Mommsen, Bekkers und
Muthers Jahrbuch des gemeinen Rechts, Bd. 6 S. 398 ff.
(1863), Haenel, Corp. leg. p. 281.

---

[1] Was Theodosius II. C. Th. I, 1, 5 von dem historischen
Wert der Codices sagt, kann für den C. II. in dem Sinne gemeint

sein, dass er nun historisches Material geworden war, auch, dass er
mit den späteren Nachträgen ein historisches Bild darbot. — [2]) Die
Datierung des C. H. zwischen 314 und 324 (Mommsen Hermes B.
17 S. 532, Krüger S. 281 f.), der auch ich mich früher angeschlossen
habe (Kritische Vierteljahresschr. Bd. 32 S. 28), kann ich nicht mehr
für richtig halten. Wenn die Konstitutionen des C. J., welche den
Namen des Licinius tragen, wirklich aus dem C. H. stammen, was ich
nicht mehr für gewiss halten kann, so können auch sie zu den Nachträgen gehören. — [3]) Seeck, Zeitschr. d. Savigny-Stift. B. 10 S. 1 ff.

§ 11. 8. Erlasse der Präfecti Prätorio. Sonstige Beamtenerlasse.

I. Die Sitte der Amtsprogramme der Beamten republikanischen Stils ist von den neuen kaiserlichen Beamten nicht übernommen. Das Recht zum Erlass allgemeiner Vorschriften in ihrem Ressort hat aber den
höheren unter ihnen nicht gefehlt. Dass diese Verordnungen in ihrer Geltung auf die Amtsdauer ihrer Urheber
beschränkt waren, ist nicht anzunehmen.

1. Vor allem die Präfecti Prätorio haben Verord-
nungsrecht mit der Massgabe, dass ihre Verordnungen
Gesetzen und Konstitutionen nicht zuwiderlaufen dürfen.
So bestätigte es ihnen Alexander Severus im J. 230 (C.
J. I, 26, 2). Ihre Verordnungen sind zum Teil Erläuterungs-
und Ausführungsvorschriften zu gleichzeitig von ihnen publizierten kaiserlichen Edikten (so diejenigen bei Haenel,
Corp. leg. p. 247, 249, 260 aus den Jahren 431, 448,
473), zum Teil selbständig. Sie sind teils Edikte an die
Unterthanen, teils Erlasse an untergebene Beamte (so
nov. Just. 166 an den Consularis von Lydien). Die Überlieferung ist zerstreut. Einige Erlasse von Präfecti Prä-

torio sind in die griechische Sammlung der Novellen Justinians aufgenommen (166—168).

2. Auch von andern Beamten sind allgemeine Verordnungen überliefert, so:

1. Inschriftlich an einer Tempelmauer in Oberägypten, zwei Edikte von Präfecti Ägypti von 49 und 68 n. Chr., beide an den Strategen der Oase von Theben zum Zwecke der Publikation gesandt und von ihm in Ausführung dieses Auftrages an untergeordnete Behörden weitergegeben. (Corpus inscription. Graecar. III. No. 4956. 4957. Haenel, Corp. leg. p. 268 sqq.). Aus dem zweitgenannten sind die privatrechtlich wichtigen Bestimmungen über Exekution privater und öffentlicher Forderungen aufgenommen bei Bruns I p. 234 sqq.

2. Ebenfalls inschriftlich besitzen wir eine Rang- und Sportelordnung, die der Consularis von Numidien unter Kaiser Julian für sein Unterpersonal erliess. (Bruns I p. 257 sq.) Pernice, Zeitschr. der Sav.-Stiftung B. 7, 2 S. 113 ff.

3. Ebenso zwei Edikte des Turcius Apronianus, Präfectus Urbi von Rom, über den Verkehr mit Schlachtvieh und die den suarii zukommenden Leistungen (Corp. inscr. Lat. VI, 1, 1770, 1771. Haenel, Corp. leg. p. 221), im wesentlichen bestätigt durch einen Erlass Valentinians I. an den Amtsnachfolger des Apronianus (C. Th. XIV, 4, 4 a. 367).

II. Wir schliessen hier an die erwähnenswerten Dekrete von Beamten in speziellen Justiz- und Verwaltungssachen, die zwar nicht objektives Recht schufen, aber für dessen Erkenntnis bedeutsam sind.

1. Dekret des L. Ämilius Paulus als Prokonsuls von Hispania Ulterior v. J. 189 v. Chr., Freierklärung gewisser

Sklaven betreffend. Bronzetäfelchen, bei Cadix 1866 gefunden (Bruns I p. 231).

2. Die s. g. sentcntia Minuciorum (Bronzetafel
1506 bei Genua gefunden). Die Brüder Q. und M.
Minucius Rufus entscheiden im J. 117 v. Chr. einen Streit
der Genueser mit den *castellani Langenses Veturii (Langates)*,
den Einwohnern eines benachbarten, von Genua abhängigen
Ortes. Sie haben in Genua verhandeln lassen, Untersuchung geführt und schon dort Massregeln getroffen,
dann aber die Parteien nach Rom vorgeladen und ihnen
dort den Spruch verkündet und zwar *ex senati consulto*,
so dass man sich den Spruch als seinem Inhalt nach vom
Senat genehmigt vorzustellen hat. Am Schluss werden
für etwaige weitere Streitigkeiten die Parteien aufgefordert,
sich wieder an die Urteiler zu wenden. Danach hatten
die Minucier einen dauernden Beruf zu solchen Entscheidungen, ohne Zweifel als vom Senat bestellte Kommissare,
und wohl selbst Senatoren. (Bruns I p. 358 sqq.)

3. Dekret des Prokonsuls von Sardinien von a.
69 n. Chr., ein Urteil mit Gründen in einem Grenzstreit
von zwei Gemeinden; von Zeugen beglaubigte Privatab-
schrift aus dem Protokollcodex des Prokonsuls; 1866 in
Sardinien auf einem Bronzetäfelchen gefunden. (Bruns
I p. 231 sqq.)

4. Ein Papyrus der Sammlung des Erzherzogs Rainer
von Österreich enthält eine griechische Abschrift aus
dem Protokollbuch (τόμος ὑπομνηματισμῶν) des Bläsius
Marianus, Präfekten einer Kohorte, betreffend einen Erb-
schaftsstreit, den er auf Delegation des Präfectus Ägypti
im J. 124 n. Chr. zu entscheiden hatte. (Bruns I p.
364 sqq. Mommsen, Zeitschr. der Savigny-Stiftung B.
12 S. 284 ff.).

5. Eine ähnliche Verhandlung vom J. 135 n. Chr. gibt ein Berliner Papyrus (Bruns I p. 367 sqq. Mommsen, Zeitschr. d. Sav. Stiftung B. 14 S. 1 ff.).

6. Ein Schreiben der Präfecti Prätorio von 168 n. Chr. an die Munizipalmagistrate von Saepinum, enthaltend eine Verwarnung, die Pächter der fiskalischen Schafherden nicht zu verletzen, auf Stein in Sepino (Bruns I p. 233 sq.).

7. Dekret des L. Novius Rufus, *legatus Augusti pro Praetore*, in Prozesssachen, v. J. 193 n. Chr. Nur der Eingang ist erhalten und der Formen wegen bemerkenswert *(ex tilia recitavit)*. Inschrift in Tarragona. (Bruns I p. 361.)

8. Urteil des Alfenius Senecio, *(subpraefectus classis praetoriae Misenatis)* im 2. oder 3. Jahrh. in einem Prozess, in welchem es sich um den Verkauf von Grundstücken handelt, die teilweise *loca religiosa* waren, aus einer verlorenen Inschrift von Accursius, dem Glossator, abgeschrieben (Bruns I p. 361 sq.).

9. Mehrere Zwischenurteile von Präfecti vigilum in einem Prozess von *fullones* wegen eines Wasserzinses aus den Jahren 226—244 n. Chr., s. g. lis fullonum. Marmorinschrift zu Rom, 1701 gefunden (Bruns I p. 362 sq.).

10. Auch einige priesterliche Erlasse sind inschriftlich erhalten: Ein Reskript der *quindecimviri sacris faciundis* (289 n. Chr.) bestätigt die von den Decurionen von Cumae vollzogene Wahl eines Priesters der Mater Deum (Bruns I p. 237), ein Pontifikaldekret genehmigt die Umbestattung eines Leichnams. Bemerkenswert dass es ebenso wie die kaiserlichen Reskripte unter der Bedingung ergeht, *si ea ita sunt que libelo contenentur* (Bruns I p. 237).

11. Über die Akten betr. Testamentseröffnung vor Munizipalmagistraten vergl. unt. § 23.

III. Die Rechtswissenschaft.

§ 12. 1. Die republikanische Rechts-wissenschaft.

Die Quellenkunde hat die römische Rechtswissenschaft nach zwei Gesichtspunkten zu würdigen — ihre Bedeutung für die Fortbildung und für Darstellung und Überlieferung des römischen Rechts.

I. Dass die Jurisprudenz ursprünglich in dem Pontifikalkollegium gepflegt wurde, ist eine sichere Thatsache[1]), wenn sie auch durch den Zusammenhang des sakralen mit dem bürgerlichen Recht und durch den Einfluss der Pontifices auf das im Gerichtsverfahren bedeutsame Kalenderwesen nicht hinlänglich erklärt werden mag, und wenn auch die Nachricht des Pomponius: *apud collegium pontificum . . . ex quibus constituebatur quis quoquo anno praeesset privatis*[2]) nur u n s i c h e r dahin gedeutet werden kann, dass die Pontifices jährlich einen der Ihrigen zur Erteilung von Rechtsgutachten an Private delegiert haben. Eine von dem Pontifikalkollegium unabhängige Jurisprudenz begann seit ungefähr 300 v. Chr. sich zu entwickeln. Um diese Zeit veröffentlichte Gn. Flavius eine Sammlung der *legis actiones*, d. h. der Spruchformeln, welche in genauer Anlehnung an das Gesetz im Prozess gebraucht werden mussten *(ius civile Flavianum)*. Nach Pomponius[3]) war das Buch von App. Claudius Caecus verfasst und diesem von Flavius gestohlen. App. Claudius soll auch ein Buch *de usurpationibus* geschrieben haben [4]). Von Ti. Coruncanius, dem ersten plebejischen Pontifex Maximus (a. 253 v. Chr.) haben wir eine Nachricht[5]), die wahrscheinlich bedeutet, dass er als der erste seine Rechtsgutachten öffentlich unter Zulassung von Schülern erteilte und mit ihnen die Fälle besprach — in dieser Form also öffentlichen Rechtsunterricht erteilte. Sex. Aelius Pätus Catus (Konsul a. 198 v. Chr.) schrieb ein Werk: *Tripertita*, auch genannt *ius Aelianum*, das nach Pomponius [6]) *veluti cunabula iuris* enthielt. Es knüpfte (daher sein Titel) an die einzelnen Sätze der XII Tafeln jedesmal die *interpretatio* derselben und die zugehörige *legis actio*. Seit dieser Zeit werden zahlreiche berühmte Juristen genannt, von denen hervorzuheben sind:

1. Die beiden Cato, Vater (geb. 234, gest. 149 v. Chr.) und Sohn (gest. 152 v. Chr.), von denen der letztere viele Bücher hinterlassen haben soll [7]).

2. M'. Manilius (Kons. 149), P. Mucius Scävola (Kons. 133) und M. Junius Brutus, ihr Zeitgenosse, denen Pomponius ein besonderes Verdienst um die Begründung der Rechtswissenschaft beimisst: *fundaverunt ius civile* [8]).

3. P. Rutilius Rufus (Kons. 105), beschäftigter Respondent, vielleicht Verfasser einer Schrift *de modo aedificiorum* [9]).

4. Q. Mucius Scävola (Kons. 95, gest. 82) schrieb einen *liber singularis* ὅρων i. e. *definitionum* und 18 *libri iuris civilis*, das erste grosse System des *ius civile*, bis späthin von grossem Einfluss [10]).

5. C. Aquilius Gallus, Schüler des vorigen (Prätor a. 66), *maximae auctoritatis apud populum* (Pomponius), *vir magnae auctoritatis et scientia iuris excellens* (Valerius Maximus) [11]).

6. Servius Sulpicius Rufus (Kons. 51, gest. 43), berühmt als Lehrer wie als Respondent und Schriftsteller. Er soll an die 180 *libri* geschrieben haben, darunter: *reprehensa Scaevolae capita (notata Mucii), de dotibus,*

5*

einen kurzen (den ersten) Kommentar zum prätorischen
Edikt *(ad Brutum)* [12]).

7. A. Ofilius, Schüler des vorigen, Ratgeber Cäsars,
Verfasser des ersten ausführlichen Kommentars zum prätorischen Edikt [13]).

8. P. Alfenus Varus (Kons. 39) schrieb in Anlehnung
an seinen Lehrer Servius Sulpicius 40 Bücher *digesta* [14]).

9. Aufidius Namusa ordnete die Schriften von acht
Schülern des Servius Sulpicius *(Servii auditores)* in
140 Bücher [15]).

10. A. Cascellius, *vir iuris civilis scientia clarus*
(Valerius Maximus), lebte noch unter Augustus, schrieb
u. a. einen *liber bene dictorum* [16]).

11. C. Trebatius Testa, lebte ebenfalls noch unter
Augustus, der ihn über die Anerkennung von Kodizillen
zu Rate zog, schrieb *de civili iure* und *de religionibus* [17]).

12. Q. Aelius Tubero, Schüler des Ofilius, schrieb
über öffentliches und privates Recht, sehr gelehrte, aber
wegen affektiert altertümlichen Stils unangenehm gefundene
Werke [18]).

13. C. Aelius Gallus, welcher *de significatione
verborum, quae ad ius civile pertinent* [19]) schrieb, war
vielleicht nicht Jurist, sondern Grammatiker.

II. Die römischen Juristen, welche die Jurisprudenz
nicht als ausschliesslichen Lebensberuf, sondern neben
staatsmännischer oder anderer öffentlicher Thätigkeit be-
trieben, waren Schriftsteller, Lehrer und rechtliche Berater
ihres Volkes zugleich: *domus iuris consulti totius oraculum
civitatis* (Cicero) [20]). In der letzteren Beziehung tritt hervor das *respondere*, das Erteilen von Rechtsgutachten über
die von Interessenten vorgelegten Fragen, das *cavere*, die Bei-
hilfe zur korrekten Abfassung von Rechtsgeschäften und

das Entwerfen von Formularen dafür, und das *agere*, wahrscheinlich das Entwerfen von gerichtlichen Spruchformeln *(legis actiones)*, welche der Jurist der Partei vor Gericht vorspricht oder ihr schriftlich mitgibt [21]). Ihre Gutachten erteilten die Juristen mittels Briefs an die Richter oder mündlich der Partei, die darüber ein Zeugenprotokoll aufnahm [22]). Sie haben bei Auslegung der bestehenden Rechtssätze prinzipiell nicht das Ziel verfolgt, den ursprünglichen Sinn des Rechtssatzes zu treffen, sondern ihn so auszulegen, wie er ihrer Ansicht nach verstanden werden musste, um gerecht zu sein, der *aequitas* zu entsprechen. Sie haben also in Fällen, wo modernere Gerechtigkeitsüberzeugung den Sinn eines älteren Rechtssatzes überholt hatte, sich nirgends gescheut, in ihn diese neuere Überzeugung hineinzuinterpretieren; ihre *interpretatio* ist fortbildend.

Die in einem Gutachten, oder einer litterarischen Arbeit ausgesprochene Rechtsansicht eines Juristen hat nur das Gewicht, welches ihre innere Begründung oder das äussere Ansehen ihres Urhebers ihr verleihen; ebenso, wie die von einem Juristen entworfene Geschäfts- oder Aktionsformel erst die Probe zu bestehen hat, ob sie Anerkennung findet. Die übereinstimmende Ansicht der zeitgenössischen Juristen *(iuris peritorum auctoritas, prudentium interpretatio u. ä.)* aber ist von dem römischen Volke als ausreichend angesehen, um ihrem Inhalt den Charakter des Rechtssatzes und zwar des *ius civile* aufzuprägen, ja es hiess *ius civile* im engsten Sinne gerade dies Juristenrecht [23]). Solche Rechtsbildung durch die Juristen ist einer der wesentlichsten Hebel zum Fortschritte des römischen Rechts in seinen verschiedensten Zweigen gewesen. Sie lässt sich aber von der Fortbildung des

Rechts durch die Verkehrsgewohnheit und die gerichtliche Praxis, durch die Edikte und nachmals die kaiserlichen Konstitutionen nicht rein abscheiden, weil eben bei allem diesen die Juristen und ihre Lehren die Hand mit im Spiele hatten.

Manche Institute trugen den Namen der Juristen, die sie zuerst zur Anerkennung ·gebracht haben, z. B. die *regula Catoniana* (I, 1 [Vater oder Sohn?][24]), die Verkaufsformulare des Manilius, *Manilianae venalium vendendorum leges* (I, 2)[25], *formula Rutiliana*[26]), *usucapio ex Rutiliana constitutione* (I, 3 ?)[27], *cautio Muciana* (I, 4)[28], *stipulatio Aquiliana* (I, 5)[29], *iudicium Cascellianum* (I, 10)[30]: doch ist dieses, wie die *formula Rutiliana* auf die Prätur, nicht auf die wissenschaftliche Thätigkeit ihrer Urheber zurückzuführen.

III. Erhalten ist von den Schriften der republikanischen Juristen nichts unmittelbar, wir kennen nur manches davon aus Anführungen und Auszügen (§ 17).

---

[1]) Liv. 9, 46. Valer. Max. 2, 5, 2. D. I, 2, 2, 6. — [2]) D. I, 2, 2, 6. — [3]) Ibid. 7. — [4]) Ibid. 36. — [5]) Ibid. 35. 38. — [6]) [7]) Ibid. 38. — [8]) Ibid. 39. — [9]) Cic. Brut. 30, 113. Suet. Aug. 89. — [10]) D. I, 2. 2, 41. — [11]) Ibid. 42. 43. Cic. pro Caec. 27, 77. 78. Valer. Max. 8, 2, 2. — [12]) D. I, 2, 2, 43. 44 i. f. Cic. Brut. 41, 152. sqq. Gell. 2, 10, 1. 4, 1, 20. D. XVII, 2, 30. XII, 4, 8. — [13]) [14]) [15]) D. I, 2, 2, 44. [16]) Ibid. 45. Valer. Max. 6, 2, 12. — [17])D. I, 2, 2, 45. J. II, 25 pr. Cic. ad. fam. 7, 5—22. — [18]) D. I, 2, 2, 46. Gell. 14, 2, 20. — [19]) D. 50, 16, 157. — [20]) Cic. de orat. I, 45, 200. — [21]) Cic. de orat. I, 48, 212. pro Mur. 9, 22. — [22]) D. I, 2, 2, 49. — [23]) Cic. Top. 5, 28. D. I, 2, 2, 5. 12. — [24]) D. XXXIV, 7, 1. — [25]) Cic. de orat. I, 58, 246. — [26]) Gai. 4, 35. — [27]) Fr. Vat. 1. — [28]) D. XXXV, 1, 7 pr. — [29]) J. III, 29, 2. — [30]) Gai. 4, 166 a., 169. —

§ 13. 2. Die klassische Rechtswissenschaft.

I. Bereits in den letzten Zeiten der Republik begann die Rechtswissenschaft sich zu der Blüte zu erheben, die in den ersten Jahrhunderten der Kaiserzeit zur vollen Entfaltung gelangte. Bis etwa zur Mitte des dritten Jahrhunderts n. Chr. reicht diese Zeit der klassischen Jurisprudenz. Der Einfluss der Juristen auf das Rechtsleben erfuhr in der Kaiserzeit eine wesentliche Steigerung durch die Einführung des *ius respondendi*. Die Macht, welche die Juristen durch die Erteilung von Rechtsgutachten über die Bevölkerung hatten, musste es dem Kaisertum wünschenswert erscheinen lassen, die Jurisprudenz zur Freundin zu haben und zugleich in Abhängigkeit vom Kaiser zu bringen. Beides wurde durch das Institut des *ius respondendi* erreicht[1]). Es haben nämlich schon unter Augustus bedeutende Juristen aus dem Senatorenstande, seit Tiberius auch aus dem Ritterstande (zuerst Sabinus) von den Kaisern ein besonderes R e c h t, zu respondieren, *publice respondendi ius*, verliehen erhalten. Die so Privilegierten respondieren *ex auctoritate principis*, was wenigstens a n n ä h e r n d richtig als Respondieren im Namen des Kaisers wiedergegeben werden kann. Über die Kraft ihrer förmlich erteilten Responsa geben die Quellen keine klare Auskunft. Der Kaiser, der im Anfang noch nicht eigentlich als Gesetzgeber auftritt, kann unmöglich dem einzelnen Juristen die Befugnis erteilt haben, mit G e s e t z e s k r a f t zu respondieren, und obwohl er der höchste Richter war, so kann man daraus kaum ableiten, dass er den von ihm autorisierten Juristen auch nur die Macht hätte beilegen können, durch ihre ausgesprochene Rechtsansicht den Richter in dem kronkreten Falle formell zu binden, in welchem das Responsum ergangen war. Natürlich aber musste ein im Namen des Kaisers auftretendes Responsum in den Gerichten von ganz besonderem Ansehen und wird von vornherein nicht leicht missachtet sein. Dass der Richter rechtlich verpflichtet war, es zu befolgen, vorausgesetzt natürlich, dass ihm nicht ein abweichendes Responsum eines andern, gleich privilegierten Juristen vorgelegt wurde, wird sich erst allmählich in der Praxis festgestellt haben. Wäre die Grundlage des wichtigen Institutes eine klare gewesen, so würde es auch in unserer Überlieferung nicht so verschwommen auftreten, wie dies geschieht.

Man muss in der Einführung des *ius respondendi* einen meisterhaften Zug des Augustus erkennen. Die Macht und den Glanz der Jurisprudenz erhöhend, stellte er sie als einen Abglanz der kaiserlichen Macht dar; der Jurist, welcher solche Macht vom Kaiser zu Lehen empfing, schuldete ihm Dank, und die Auswahl der Personen, denen man sie gab, konnte zugleich politisch zu gunsten des Kaisertums wirken und, sachgemäss gehandhabt, eine wirkliche Hebung der Justiz bedeuten, auf welche hinzuwirken die Kaiser sich vielfach haben angelegen sein lassen. Die Verleihung ist zum Teil, aber gewiss nicht immer, auf Antrag des Privilegierten erfolgt. Das Reskript Hadrians an die *viri praetorii* bei Pomponius D. I, 2, 2, 49 kann für eine besonders höfliche Gewährung des erbetenen Privilegs, aber auch für Zurückweisung des Antrags als eines unschicklichen genommen werden; eher ist es das letztere.

Die nicht mit dem *ius respondendi* ausgestatteten Juristen mussten neben den dieses Privilegiums Teilhaftigen in eine zweite Klasse zurücktreten, nach den justinianischen

Institutionen (I, 2, 8) soll *iuris consulti* die Bezeichnung der autorisierten Juristen gewesen sein, und man geht im allgemeinen wenigstens nicht fehl, wenn man annimmt, dass, wo Juristen als Autoritäten mit den Ausdrücken *prudentes, iuris consulti, iuris auctores, auctores* u. ä. genannt sind, jetzt nur die Autorisierten gemeint sind. Ausschliesslich auf sie gehen jedenfalls Ausdrücke wie *iura constituentes* (D. L, 16, 120) *ii quibus permissum est iura condere* (Gai. 1, 7) und die späten Bezeichnungen *legum auctores, latores, conditores*. Natürlich aber mussten sich die privilegierten Juristen aus den nicht privilegierten rekrutieren; denn man hat das *ius respondendi* nur bewährten Männern gegeben. Es ist auch den nicht Privilegierten das Respondieren keineswegs verboten, nur hatte ihr Responsum mit dem eines Autorisierten nicht gleiche Kraft.

Die notwendige Form der prozessualisch gültigen, der Partei erteilten Responsen scheint darin bestanden zu haben, dass sie unter dem Siegel des Respondenten abgegeben wurden[2]). Wenn, wie man annehmen sollte, dies den Zweck hatte, das Responsum erst vor dem Richter zu entsiegeln, so muss der Partei, die der Kenntnis von seinem Inhalt nicht entraten konnte, dieser auf anderem Wege, durch Abschrift oder *scriptura exterior* auf derselben Urkunde (unt. § 23) mitgeteilt sein. Die Angabe von Gründen war für die Gültigkeit des Responsums nicht erforderlich[3]). Wenn Magistrat[4]) oder Judex[5]) sich an einen Juristen um Auskunft wandten, so handelte es sich wohl immer um einen formell unverbindlichen Rechtsrat[6]); denn der Prozess hat kein Mittel, den Richter anzuhalten, von einem von ihm eingeholten Gutachten den Parteien Mitteilung zu machen und es zu befolgen. Wenn der

Beamte den Kaiser konsultiert, so ist dies eine Amts-
handlung, die er den Parteien durch Interlokut ankündigt;
die Einholung des Gutachtens eines Juristen ist Privat-
sache. Auch wenn die Partei konsultierte, haben die
Juristen oft unförmlichen und unverbindlichen Rechtsrat erteilt; denn es ist bei der Konsultation eines Juristen nicht
immer um eine unmittelbar prozessual verwertbare Antwort zu thun.

Im Inhalt sind die Responsa den Rechtweisung
erteilenden kaiserlichen Reskripten durchaus ähnlich. Sie
stellen entweder nur abstrakte Rechtssätze hin oder geben
zwar konkrete Entscheidungen, diese aber nur unter der
ausgesprochenen oder stillschweigenden Bedingung der
Richtigkeit und Vollständigkeit des vorgetragenen Thatbestandes oder unter Hervorhebung bestimmter zu be-
wahrheitender Bedingungen [7]). Auch haben die Juristen
wie die Kaiser nach Umständen auch den Fragesteller einfach an den Richter verwiesen [8]).

Gesetzeskraft, d. h. verbindliche Kraft für andere
Fälle als den konkreten, zu dem es erging, hat das
Responsum nicht gehabt. Es lag aber in der Natur der
Sache, dass man die Frage, ob eine feste Meinung der
Jurisprudenz vorläge, der man jetzt wie früher den Wert
des Rechtssatzes beimass *(auctoritas prudentium* [Papi-
nian] [9]), jetzt nur nach den Ansichten der autorisierten
Juristen *(auctoritas iura constituentium* [Pomponius] [10]) be-
antwortete und diejenigen der nicht autorisierten als
untergeordnet beiseite liess. Wie es scheint, hat man
aber früh begonnen, in den Gerichten auch das einzelne
Responsum (urkundlich oder auf Grund litterarischer Veröffentlichung), wie unsere höchstrichterlichen Erkenntnisse,
für fernere Fälle, auf die es passte, zu Grunde zu legen,

ohne genau zu prüfen, ob es gemeiner Meinung der Juristen entspreche. Dies konnte sich leicht auf die anderweit, nicht in Responsenform veröffentlichte Rechtsansicht des autorisierten Juristen übertragen, und man konnte so dahin kommen, die einzelne Schriftstelle eines autorisierten Juristen wie einen Gesetzestext zu citieren. Das Reskript Hadrians[11]), welches Gai. I, 7 anführt, lässt sich am besten dahin erkären, dass bereits Hadrian einem solchen Missbrauch gegenüberstand und dagegen einschärfte, dass die Ansichten und Meinungen der autorisierten Juristen (die Gajus geradezu mit deren Responsen identifiziert) nur dann Gesetzeskraft haben, wenn sie alle übereinstimmen, wenn also gemeine Meinung in dem alten Sinne vorliegt. In der hadrianischen Zeit kann man sich jenen Missbrauch aber nur bei Geschworenen und niederen Behörden denken; bei den höheren Gerichten, in welchen die hervorragenden Juristen selbst sassen, ist nicht glaublich, dass sie geneigt gewesen wären, dem einzelnen Ausspruch eines Fachgenossen blinde Folge zu leisten. Auch die gemeine Meinung der Juristen war nichts Starres, sondern im beständigen Fortschritt begriffen und dem autorisierten Juristen selbst gegenüber unverbindlich, der den Widerspruch, der ihre Kraft brach, selbst einzulegen im stande war. Mit dem Sinken der Jurisprudenz im dritten Jahrhundert macht sich das Anführen einzelner Stellen aus den klassischen Juristen wie von Gesetzestexten wieder geltend und wird selbst in kaiserlichen Konstitutionen gebräuchlich [12]).

II. Die juristische Litteratur dieser Zeit ist sehr vielseitig. Ihre Hauptgruppen sind:

1. Lehrbücher für Anfänger: *institutiones, enchiridia.*

2. Bücher knapp gefasster Rechtsregeln und Defini-

tionen: *regulae, definitiones, sententiae, opiniones*, teils
für Unterricht, teils für Praxis.

3. Sammlungen von *responsa*, wohl nur autorisierter
Juristen, *epistolae*, teils Responsa, teils sonstige Rechtsbelehrungen, namentlich auch an Schüler des Verfassers
enthaltend, *quaestiones* und *disputationes*, Erörterungen von
Rechtsfragen, teils in Anlehnung an konkrete Fälle, teils
rein theoretisch, vorwiegend aus wirklich gepflogenen
mündlichen Besprechungen eines Rechtslehrers mit seinen
Schülern hervorgegangen.

4. Kommentare zum prätorischen, ädilicischen und
Provinzialedikt.

5. Gesamtdarstellungen des *ius civile*. Eine solche
in kurzer Form schrieb Massurius Sabinus *(libri tres iuris
civilis)*. Die späteren lehnten sich zum Teil an ihn,
zum Teil an Q. Mucius Scävola an: *libri ad Q. Mucium
ex Q. Mucio, ad Sabinum ex Sabino*. Auch Kommentare
zu den XII Tafeln wurden noch geschrieben.

6. *Digesta*, vereinigte Darstellungen des *ius honorarium* und des *ius civile*. Das Ediktsrecht steht als
Hauptmasse voran, das *ius civile* folgt in einer herkömm-
lichen Ordnung (Lenel, Palingenesia II col. 1255 sq.).

7. Eine reiche Fülle anderweitiger Schriften, Kommentare zu wichtigen *leges*, insbesondere zu den *leges
Julia et Papia Poppaea*, zu wichtigen Senatuskonsulten und
sonstige Monographien verschiedenster Art.

III. Die beiden Juristenschulen der Sabinianer[13]) (Cassianer) und Proculianer, welche zu Anfang der Kaiserzeit
einander gegenübertraten, müssen mit der Organisation
des Rechtsunterrichts in Verbindung gesetzt werden.
Unter Augustus nämlich standen einander gegenüber: M.
Antistius Labeo, ein selbständiger Kopf und Charakter,

daher auch republikanisch gesinnt und auf dem Gebiete
der Jurisprudenz ein kühner Neuerer, und C. Atejus Capito, ein gefügiger Mann, der sich bei dem Gegebenen
in der Politik wie in der Rechtswissenschaft beruhigte.
Diese sollen zuerst gewissermassen zwei *sectae* hervorge-
rufen haben, und ihre Meinungsverschiedenheiten von ihren
Nachfolgern noch vermehrt sein. An Labeo knüpfen die
Proculianer an, als welche Pomponius nennt: Nerva Pater,
Proculus, Nerva Filius, Longinus, Pegasus, Celsus Pater,
Celsus Filius, Neratius. Auf Capito werden zurückgeführt
die Sabinianer oder Cassianer. Als solche führt Pomponius
auf: Massurius Sabinus, Cassius, Caelius Sabinus, Javolenus, Valens, Tuscianus, Julianus. Die zertreuten und zum
Teil recht untergeordneten Kontroversen, welche unter diesen Schulen verhandelt wurden[14]), weisen auf einen ein-
heitlichen Gegensatz der wissenschaftlichen Grundrichtung
nicht hin. Ihr Gegensatz muss also ein äusserer gewesen sein. Wir wissen, dass der Rechtsunterricht jetzt
schulmässiger organisiert war als zuzeiten der Republik,
und wahrscheinlich hielten die Schulen, ähnlich den Philo-
sophenschulen genossenschaftlich zusammen, und ist die
Nacheinanderfolge *(successio)* der als Schulhäupter von
Pomponius Genannten auf Vorstandschaft und Lehramt in
solcher Genossenschaft zu beziehen. Nach Gajus, der sich
oft als Sabinianer bekennt (um 160 n. Chr.), und Venulejus Saturninus, der es ebenfalls war[15]) (ungefähr gleichzeitig), verschwindet der Gegensatz der Schulen.

---

¹) D. I, 2, 2, 48—50. Gai. 1, 7. J. I, 2, 8. — ²) D. I, 2, 2,
49. — ³) Seneca epistol. 94, 27. — ⁴) Z. B. D. IV, 4, 3, 1. D. XXIII, 4,
2. — ⁵) Gell. XII, 13, 1—3. — ⁶) Daher *suadere* in D. IV, 4, 3, 1
XL, 2, 5; freilich kommt auch *respondere* vor. D. XXIII, 4, 2. Mit

Unrecht habe ich das obige Krit. Vierteljahresschr. B. 32 S. 18 bestritten. — [7]) D. III, 2, 21. VI, 1, 67. XXII, 1, 13 pr. XLII, 8,
21. XLVI, 3, 90. – [8]) D. XXXIII, 1, 13, 1. XXXIV, 1, 15, 1. XXXIV,
3, 28, 2. XXXV, 2, 95, 2. XLIV, 7. 61, 1. — [9]) D. I, 1, 7. —
[10]) D. L, 16, 120. — [11]) Vgl. Eisele, Zeitschrift der Savigny-Stiftung
B. 11 S. 199 ff. — [12]) C. J. V, 71,14. VI, 42, 16. IX, 22, 11. IX, 41, 11.
Bei Anführung von Responsen in einer Zeit, die der Lebenszeit der
Respondenten noch nahe steht (C. J. V, 4, 6. VI, 37, 12), hat man
allerdings mit der Möglichkeit zu rechnen, dass das Responsum in
demselben konkreten Fall ergangen ist, wie das Reskript. Sicher so: C.
J. III, 42, 5. — [13]) D. I, 2, 2, 47 sqq. Bremer, die Rechtslehrer und
Rechtsschulen im römischen Kaiserreich. Berlin 1868. — [14]) Vgl. Gai.
I, 196. II, 15. 37. 79. 123. 3. 195. 200. 216 sqq. 231. 244. III, 87. 98.
103. 133. 141. 161. 167 a. 168. 177 sq. IV, 78. 79. Lenel, Palingenesia II col. 216. — [15]) D. XLV, 1, 138 pr.

§ 14. 3. Die einzelnen klassischen Juristen.

1. M. Antistius Labeo, gestorben zwischen 10 und
22 n. Chr., war Prätor, lehnte das Konsulat ab oder
wurde zu gunsten Capito's davon ausgeschlossen; Schüler
des Trebatius im Anfangsunterricht, geniale Natur von
vielseitiger Bildung (vergl. § 13, III). Er soll je sechs Monate
mit seinen Schülern verbracht, sechs Monate geschriftstellert
und 400 Bände hinterlassen haben. — *Ad XII tab. libri, ad
ed. praetoris urbani libri* und *ad ed. praet. peregrini libri*
(mindestens 30); die Citate aus beiden Werken sind nicht
genau zu unterscheiden; *responsor. l.* (mindestens 15);
epistolar. libri; πιθανά, von Paulus epitomiert und kritisiert,
kasuistischer Natur; *de iure pontificio l.* (mindestens 15);
mindestens 40 *libri posteriorum*, nach seinem Tode herausgegeben, von Javolenus bearbeitet. — D. I, 2, 2, 47. Tac.
ann. 3,75. Gell. 13, 10. 12. Pernice, M. Antistius Labeo
B. 1 (Halle 1873) S. 7 ff.

2. **C. Atejus Capito**, Konsul a. 5 n. Chr., gest. 22, Schüler des Ofilius (vergl. § 13, III). — *Coniectanea*, mindestens 8 B., *de iure pontificio*, mindestens 7 B.; *de officio senatorio*, 1 B. (Teil der *coniectanea?*). — D. I. 2, 2, 47. Tac. ann. III, 70. 75.

3. **Fabius Mela**, wird neben Labeo citiert.

4. **Vitellius** schrieb ein Werk, das zuerst Sabinus bearbeitete.

5. **Massurius Sabinus**, das erste Haupt der sabinianischen Schule, von geringer Herkunft, lebte von den Beiträgen seiner Schüler, trat erst mit ungefähr 50 Jahren in den Stand der Ritter, erhielt als solcher das *ius respondendi* (vergl. § 13, I). Schrieb noch unter Nero nach dem *SC. Neronianum* (Gai. 2, 218). — *Libri tres iuris civilis* (vergl. § 13, II, 5); *ad edict. praet. urbani libri; ad Vitellium libri; responsor. l.* (mindestens 2); *de furtis l. sing.; assessorium* (?). — D. I, 2, 2, 48. 50.

6. **Minicius**, Schüler des Sabinus (D. XII, 1, 22), von Julian kommentiert.

7. **M. Coccejus Nerva der ältere**, erstes Haupt der Proculianer, war Konsul. *(Tiberio) Cäsari familiarissimus*, tötete sich aber aus Furcht vor schlimmem Ausgang dieser Freundschaft a. 33 n. Chr. — D. I, 2, 2, 48. Tac. ann. VI, 26 (32).

8. **Nerva**, der Sohn des vorigen, ebenfalls Proculianer, Prätor designatus a. 65; soll schon mit 17 Jahren oder wenig älter respondiert haben. — *De usucapionibus libri*. — D. I, 2, 2, 52. III, 1, 1, 3. Tac. ann. 15, 72.

9. **Cartilius**, von Proculus citiert.

10. **Proculus**, von dem die proculianische Schule den Namen trägt, Nachfolger Nerva's des älteren. *Epistolar. l.* (mindestens 11); *ex posteriorib. Labeonis l.*

(mindestens 3), vielleicht hieraus die vereinzelt angeführten *notae* zu Labeo. — D. I, 2, 2, 52.

11. Atilicinus, neben Nerva und Proculus genannt.

12. Fulcinius Priscus, neben Mela und Atilicinus genannt.

13. C. Cassius Longinus, von dem die sabinianische Schule den zweiten Namen (Cassianer) trägt, durch seine Mutter Enkel Tubero's und Urenkel des Servius Sulpicius, Konsul a. 30, unter Nero nach Sardinien verbannt, unter Vespasian zurückgerufen, bald darauf gestorben. — *Iuris civilis l.* (mindestens 10) von Javolenus bearbeitet; *notae* zu Vitellius oder zu Sabinus *ad Vitellium* (D. XXXIII, 7, 12, 27). — D. I, 2, 2, 51. 52. Tac. ann. 12, 12. 16, 9. Suet. Nero 37.

14. Ein anderer Longinus, Proculianer. — D. I, 2, 2, 52.

15. Cälius Sabinus, Nachfolger des Cassius in der Vorstandschaft der sabinianischen Schule, Konsul a. 69, unter Vespasian von grossem Einfluss. — *Ad edict. aedil. cur.* — D. I, 2, 2, 53.

16. Ursejus Ferox, Sabinus, Cassius und Proculus zeitlich nahe stehend. Er ist öfter der Berichterstatter der Späteren über Ansichten der Genannten. Julian bearbeitete ein Werk von ihm.

17. Juventius Celsus der ältere, Nachfolger des Pegasus. — D. I, 2, 2, 53.

18. Paconius, von Paulus, vielleicht nach Plautius, angeführt (D. XIII, 6, 1, 1).

19. Plautius, schrieb zwischen Nerva Filius und Javolenus ein von Späteren öfter bearbeitetes Werk.

20. Javolenus Priscus, Nachfolger des Cälius Sabinus, in der zweiten Hälfte des 1. und im Anfang des 2. Jahrhunderts in zahlreichen Ämtern thätig, Lehrer

Julians; vielleicht nur wegen eines empfindlich treffenden Witzes bringt ihn Plinius der Jüngere in den Verdacht, geistig nicht ganz gesund gewesen zu sein; jedenfalls hinderte dies nicht, dass er zu Konsilien zugezogen wurde und respondierte. — *Epistolar. l. XIV, ex Cassio l. XV, ex Plautio l. V*, zwei Bearbeitungen von Labeo's *posteriora*: *Labeonis libri posteriorum a Javoleno epitomati* (mindestens 6 B.) und *Javoleni libri ex posterioribus Labeonis* (10 B.), wahrscheinlich beide nicht, worüber Streit, identisch. — D. I, 2, 2, 53. Plin. ep. 6, 15.

21. Pegasus, Nachfolger des Proculus, unter Vespasian Präfectus urbi. — D. I, 2, 2, 53.

22. Fufidius, von dem African ein 2. Buch *quaestionum* citiert, worin auf Atilicinus Bezug genommen wird (D. XXXIV, 2, 5). Anderswo lässt Ulpian den Atilicinus von einem Aufidius Chius citiert werden (Fr. Vat. 77); vielleicht ist dieser mit jenem Fufidius und mit dem von Martialis 5, 61, 10 (unter Domitian) genannten Aufidius Chius identisch.

23. Varius Lucullus, von Aristo citiert (D. XLI, 1, 19).

24. Titius Aristo, Freund des jüngeren Plinius, der ihn sehr rühmt, Konsiliar Trajans, gesucht als Respondent und Advokat. — Notae zu Labeos *posteriora*, zu Sabinus' *ad Vitellium*, vielleicht auch zu dessen *libri iuris civilis*, zu Cassius' *libri iuris civilis*; *decreta Frontiana* (zweifelhaften Charakters). — Plin. ep. 1, 22. D. XXXVII, 12, 5.

25. Vivianus, schrieb über das Ediktsrecht, wird von Ulpian nach Celsus angeführt (D. IV, 8, 21, 11).

26. P. Juventius Celsus, Sohn des unter 17 Genannten, Nachfolger seines Vaters im Vorstand der proculianischen Schule, zum zweiten Male Konsul a. 129, Konsiliar Hadri-

6

ans. — *Digestor. l. XXXIX, epistolar. l.,* mindest. 11, *commentarii,* mindest. 7 B., *quaestiones,* mindest. 12 B. Eine der hervorragendsten Erscheinungen, aber derb bis zur Grobheit. *Responsum Celsinum* auf *quaestio Domitiana:* D. XXVIII, 1, 27. — D. I, 2, 2, 53. V, 3, 20, 6. Histor. Aug. Hadrian. 18, 1.

27. Neratius Priscus, mit Celsus zusammen oder nach ihm Vorsteher der proculianischen Schule, erlangte das Konsulat, war Konsiliar Trajans und Hadrians. — *Regular. l. XV, responsor. l. III, epistolae,* mindest. 4 B.; *membanarum l. VII,* wohl, weil auf Pergament herausgegeben, dogmatisch-kasuistische Erörterungen: *ex Plautio libri, de nuptiis l. sing.* — D. I. 2, 2, 53. XXXVII, 5, 6. Hist. Aug. Hadrian. 18, 1.

28. Campanus, von Valens und Pomponius citiert.

29. Oktavenus, ebenso.

30. Aburnius Valens, als Nachfolger des Javolenus im Vorstande der sabinianischen Schule neben Tuscianus und Julianus genannt, Konsiliar des Antoninus Pius. — *De fideicommissis l. VII. Valens libro VII actionum,* D. XXXVI, 4, 15, ist wohl irrig für Venulejus. — D. I, 2, 2, 53.

31. Tuscianus vgl. No. 30.

32. Valerius Severus, von Julian citiert.

33. Salvius Julianus, nach oder mit 30 und 31 im Vorstande der sabinianischen Schule, aus Hadrumetum, Schüler Javolens, zweimal Konsul, Präfectus urbi, Konsiliar Hadrians, gest. spätestens unter den *divi fratres* (M. Aurel und L. Verus), zur Zeit von Gai., 2, 280 war er schon längere Zeit tot. Er ist der berühmte Redaktor des Edikts (ob. S. 22), bei Zeitgenossen wie Späteren mit Recht im höchsten Ansehen. — *Digestor. l. XC,* geschrieben unter Hadrian und Antoninus Pius; der Anfang fällt vor

a. 129, da Julian in D. V, 3, 33, 1 (wahrscheinlich *libro VI*) das SC. Juventianum noch nicht kennt; *ad Urseium l. IV.*, *ad Minicium libri, de ambiguitatibus l. sing.* (über Auslegung unklarer Willenserklärungen). — D. I, 2, 2, 53. XL., 2, 5. Hist. Aug. Did. Julianus 1. Hadrian. 18, 1. Buhl, Salvius Julianus B. 1 (Heidelberg 1886).

34. Sex. Pedius, etwa Zeitgenosse Julians. — *Ad edict. praetoris* und *aedil. cur.* (über 25 B.), *de stipulationibus libri.*

35. Pactumejus Clemens, Konsul a. 138, von Pomponius citiert.

36. Sex. Pomponius, Sabinianer, schrieb in der Zeit von Hadrian bis zu den *divi fratres*, fleissiger Verarbeiter der Litteratur. — Seinem *liber singularis enchiridii*, unter Hadrian, entstammt die wichtige, auch in diesem Buch oft benutzte, leider arg verderbte Übersicht der Rechtsgeschichte in D. I, 2, 2. — Daneben *enchiridii libri II, ad Sabinum l. XXXV* oder *XXXVI*, unter Hadrian, *ad Q. Mucium l. XXXIX*, unter Pius, *ex Plautio l. VII*, nach Hadrian, *epistolar. l. XX*, nach Pius, ferner ein Kommentar zum prätorischen und ädilicischen Edikt, der im 81. Buch nicht weit über die Mitte ist, *variarum lectionum l.*, mindest. 41, *regular. l. sing.*, *de senatus consultis l. V, de stipulationib.*, mindest. 8 B., *de fideicommiss. l. V.*

37. Sex. Cäcilius Africanus, Schüler Julians, berühmt durch die Schwierigkeit des Verständnisses seiner Schriften. — Seine *Quaestiones*, 9 B., enthalten grösstenteils julianische Entscheidungen mit kritischen Bemerkungen. — *Epistolae*, mindest. 20 B.

38. Gajus, geboren spätestens unter Hadrian, (D. XXXIV, 5, 7 pr.) schrieb von der Zeit des Antoninus Pius an bis mindestens a. 178, da er das SC. Orphitianum kennt. Zeitge-

6*

nossen und spätere Klassiker citieren ihn nicht, und wir haben
keine sicheren Spuren, dass sie ihn benutzt hätten. (Ulpians *regular. l. sing.* braucht nicht aus Gajus' Institutionen zu sein, mit deren Inhalt er viel Ähnlichkeit hat, sondern kann mit ihnen gleiche Quelle haben.) Responsen
von Gajus sind nicht bekannt; er war wohl ausschliesslich
Lehrer und Schriftsteller und hatte das *ius respondendi*
nicht. In der Folge gelangte er jedoch zu grossem Ansehen. Man hat seine eigentümliche Stellung daraus zu
erklären gesucht, dass er ein „Provinzial-Jurist" gewesen
sei, in einer östlichen Provinz gelebt und gelehrt habe,
oder doch in Rom an einer für Provinzialen bestimmten
Rechtsschule thätig gewesen sei. Man beruft sich für
diese Annahmen darauf, dass Gajus das Provinzialedikt
kommentiert und auch in seinen Institutionen die provinzialen Rechtsverhältnisse, und zwar der östlichen Reichsteile berücksichtigt. Erweislich ist aus Eigentümlichkeiten
seines Lateins, dass er von Geburt ein Grieche war; dagegen kommt es nicht auf, dass er in D. L. 16, 233, 2
lateinisch redend die Lateiner *nos*, die Griechen *illi* nennt.
Da er aber als eifriger Sabinianer auftritt, so ist er sicher
zu Rom in der sabinianischen Rechtsschule gebildet. Es
ist auch anzunehmen, dass er in Rom lehrte; denn die
Berücksichtigung des Provinzialrechts in seinen Institutionen
ist vereinzelt und dient dem Zweck, römische Rechts-
institute durch den Gegensatz schärfer hervorzuheben
(1, 55. 1, 193), ein ernsthaftes Eingehen auf die Bedürf-
nisse der Provinzialen findet sich nicht. Der Kommentar zum
Provinzialedikt kann auch in Rom für die Statthalter geschrieben sein. Gajus war keiner der hervorragenden
Geister, ist aber ausgezeichnet durch die Glätte und Ver-
ständlichkeit seiner Darstellung.

Seine *institutionum commentarii quattuor*, geschrieben um 161 n. Chr., der Anfang noch unter Antoninus Pius (2, 151 a), der Schluss schon unter den *divi fratres* (2, 195), sind das einzige uns fast vollständig erhaltene Werk eines klassischen Juristen. Dass sie ein nachgeschriebenes Kollegienheft seien, ist ihrer trefflichen Fassung wegen unwahrscheinlich. Ausser den Institutionen schrieb Gajus unter Pius: *ex Q. Mucio libri* (Gai. I, 188), *ad edict. provinciale l. XXXII*, die beiden letzten B. vom ädilicischen Edikt; *ad edict. urbicum*, wovon nur 10 Bücher auf Justinians Zeit kamen; nach Pius: *ad leg. Juliam et Papiam l. XV, fideicommissor. l. II, ad SC. Orphitian. l. sing.*, frühestens a. 178; ferner: *ad leg. XII tabular. l. VI, rerum cottidianarum l. VII*, wohl erst später aurea genannt, Sammlung alltäglich vorkommender Rechtssätze; *regular. l. III* und *l. sing., de manumissionib. l. III, de verborum obligationib. l. III, de formula hypothecaria l. sing., ad SC. Tertullianum l. sing., de tacitis fideicommissis l. sing., de casibus l. sing., dotalicion l. sing., ad leg. Glitiam (?) l. sing.* — Dernburg, die Institutionen des Gajus, ein Kollegienheft aus dem Jahre 161 n. Chr. Geb. Halle 1869.

39. Servilius, von Terentius Clemens citiert.

40. Terentius Clemens, Schüler Julian's, schrieb *ad leg. Jul. et Pap. l. XX.*

41. Vindius Verus, Konsul a. 138, Konsiliar des Pius, konsultiert Julian (Fr. Vat. 77), wird citiert von Mäcianus. — Hist. Aug. Pius 12, 1.

42. Lälius Felix (*ad Q. Mucium*) von Gellius (um 170) citiert.

43. Volusius Mäcianus, Konsiliar des Pius, Rechtslehrer M. Aurels, auch Konsiliar der *divi fratres*. —

Quaestionum de fideicommiss. l. XVI, de iudiciis publicis l. XIV, de lege Rhodia. Assis distributio, M. Aurel gewidmet, ist eine Darstellung der üblichen Einteilungen eines Ganzen mit Namen und Zeichen der Teile, wie sie bei Erbeseinsetzung und sonst vorkommt; also ein halbjuristisches Werk. — Hist. Aug. Pius 12, 1. Marc. Aurel. 3, 6. D. XXXVII, 14, 17 pr.

44. **Junius Mauricianus** unter Antoninus Pius, *ad leg. Jul. et Pap. l. VI; de poenis?* — D. II, 13, 3.

45. **Publicius**, von Marcellus citiert.

46. **Ulpius Marcellus**, Konsiliar von Pius und M. Aurel, einer der Besten, scharfsinnig und klar. — *Digestorum l. XXXI* (unter Pius), *notae ad Jul. digesta* und *ad Pompon. regulas, ad leg. Jul. et Pap. l. VI, de officio consulis libri, responsorum l. sing.* — *De publicis iudiciis*, zweifelhaft ob nicht eher von Marcian (D. III, 2, 22); *de officio praesidis*, zweifelhaft ob nicht eher von Macer (D. IV, 4, 43). — Hist. Aug. Pius XII, 1. D. XXVIII, 4, 3 pr.

47. **Venulejus Saturninus**, Zeitgenosse des vorigen, Sabinianer (vergl. § 13 a. E.). — *De officio proconsulis l. IV, de iudiciis public. l. III* (beide nach dem Tode Hadrians), *actionum l. X, de interdictis l. VI, de stipulationibus l. XIX*, vielleicht auch *disputationum libri*, wenn nicht D. XLVI, 7, 18 *stipulationum* statt *disputationum* zu lesen ist. *De poenis paganorum* schrieb nicht er (wie der sogen. Index Florentinus angibt), sondern Claudius Saturninus, der mit ihm nicht identisch ist (D. XLVIII, 19, 16).

47a. **Q. Saturninus**, von dem Ulpian (D. XXXIV, 2, 19, 7) ein 10. Buch *ad edictum* anführt, und der bei demselben (D. XII, 2, 13, 5) eine Ansicht des Marcellus teilt, kann mit dem vorigen identisch sein.

48. Papirius Justus, *constitutionum libri XX*, Konstitutionen von den *divi fratres* und M. Aurel allein enthaltend.

49. Florentinus, *institutionum l. XII*, nach Pius geschrieben (D. XLI, 1, 16).

50. Tarruntenus Paternus, Präfectus Prätorio, unter Commodus hingerichtet. — *De re militari l. IV.* — Hist. Aug. Commod. 4.

51. Q. Cervidius Scävola, Konsiliar M. Aurels, Lehrer von Papinian und Paulus, sowie des späteren Kaisers Septimius Severus, in seinen Bescheiden auffallend kurz. — *Digestorum l. XL*, vollendet nach Erlass des SC. Orphitianum a. 178, aber vor dem Tode M. Aurels (a. 180), *quaestionum l. XX* (nicht vor der Mitregentschaft von M. Aurel und Commodus), *responsorum l. IV* (wie es scheint, unter Septimius Severus), *notae ad Juliani* und *Marcelli digesta, quaestionum publice tractatarum l. sing.*, *regularum l. IV* und *de quaestione familiae l. sing.* — Hist. Aug. Marc. Aurel 11, 10. Carac. 8, 3.

52. Ämilius Papinianus, Schüler Scävolas mit dem nachmaligen Kaiser Septimius Severus, unter M. Aurel Advocatus Fisci, unter Severus Magister Libellorum, von a. 203 an Präfectus Prätorio. Caracalla liess ihn a. 212 hinrichten, weil er in der einen oder andren Weise dessen an Geta begangenen Mord missbilligt hatte. Die Späteren feiern ihn als den grössten der römischen Juristen, und jedenfalls ist er einer der ersten. — *Quaestionum l. XXXVII*, unter Septimius Severus, *responsorum l. XIX*, begonnen unter Severus und Caracalla, vollendet unter Caracallas Alleinherrschaft, *definitionum l. II, de adulteriis l. II* und *l. sing.*, ἀστυνομικὸς μονόβιβλος. — D. XX, 5, 12 pr. Hist. Aug. Carac. 8. Sever. 21, 8.

53. Claudius Tryphoninus, Konsiliar des Septim. Severus, Schüler Scävolas. — *Notae* zu dessen *digesta*; *disputation. l. XXI* unter Caracalla. — D. XLIX, 14, 50.

54. Messius, Konsiliar von Severus und Caracalla. — D. XLIX, 14, 50.

55. Papirius Fronto *(responsa)* von Callistratus citiert.

56. Callistratus, Grieche, nimmt auf die Verhältnisse der hellenistischen Reichsteile viel Rücksicht, schreibt unvollkommenes Latein. — *Quaestionum l. VI* und *de iure fisci et populi l. IV*, unter Sept. Severus, *de cognitionib. l. VI*, unter Severus und Carac., *institution. l. III, ad edict. monitorium l. VI* (das letzte Wort des Titels unklar).

57. Arrius Menander, Konsiliar von Severus und Caracalla. — *De re militari l. IV*. — D. IV, 4, 11. 2.

58. Tertullianus, mit dem Kirchenvater wohl nicht identisch. — *De castrensi peculio l. sing.*, unter oder nach Septim. Severus, *quaestion. l. VIII*.

59. Claudius Saturninus, mit Venulejus Saturninus nicht identisch, wohl Zeitgenosse Papinians. — *De poenis paganorum l. sing*.

60. Arrianus, *de interdictis*, von Paulus und Ulpian citiert.

61. Puteolanus von Ulpian citiert.

62. Julius Paulus, Schüler Scävolas, Assessor Papinians, des Präfectus Prätorio, Konsiliar des Severus oder des Caracalla, Präfectus Prätorio neben Ulpian unter Alexander Severus. Ein feiner, logischer, zuweilen überlogischer Denker. — *Ad edict. praetoris l. LXXVIII* dazu *ad ed. aed. cur. l. II*, vielleicht noch vor Septim. Severus, *ad. Sabin. l. XVI*, unter Sept. Sever., *decretor. l. III*, unter Severus und Caracalla, *responsor. l. XXIII*, unter Elaga-

balus und Alexander Severus, *sententiar. l. V*, nach a. 206, *quaestion. l. XXVI*, nach Septim. Sever. Ferner: *institution. l. II, regular. l. VII* und *l. sing.* Bearbeitung von Alfens Digesten, von Labeos πιθανά, *ad Vitellium l. IV, ad Plautium l. XVIII, ad Neratium l. IV, notae* zu Julian, Scävola, Papinian, *imperialium sententarium in cognitionibus prolatarum l. VI;* zu verschiedenen einzelnen *leges, de senatus consultis*, und zu verschiedenen einzelnen *SCC., de officio* verschiedener Beamter, und manches andere, zusammen ungefähr 90 Schriften. — D. IV, 4, 38 pr. XXIX, 2, 97. D. XII, 1, 40. Hist. Aug. Pescenn. 7, 4. Alex. 26, 5. 68, 1.

63. Domitius Ulpianus, aus Tyrus in Phoenicien stammend, mit Paulus Assessor Papinians, anscheinend von Elagabalus a. 222 verbannt, im selben Jahre unter Alexander Severus zurückgerufen, Magister Libellorum, Konsiliar, Präfectus Annonae, schliesslich mit Paulus Präfectus Prätorio, von den Prätorianern a. 228 ermordet. Seine Werke sind umfassend, aber stark kompilatorisch. — *Ad edict. praetoris l. LXXXI*, dazu als Anhang *ad ed. aed. cur. l. II*, die ersten 50 Bücher unter Caracalla, *ad Sabin. l. LI* (unvollendet), *institution. l. II, regular. l. sing., opinion. l. VI*, nach Erlass des SC. über Veräusserung der Mündelgüter (a. 195), *de fideicommissis l. VI, ad leg. Jul. et. Pap. l. XX, de officio consulis l. III, de officio proconsulis l. X, de omnibus tribunalibus l. X*, sämtlich unter Caracalla, *de appellationib. l. IV*, unter Caracalla oder Elagabalus, *ad leg. Jul. de adulteriis l. V*, nach Caracallas Tode; ferner *responsor. l. II, disputation. l. X, regular. l. VII*, πανδέκτου βιβλία X, *pandectarum l. sing., notae* zu Papinians Responsen und Marcellus' Digesten, einiges andere. — D. I., 15, 1 pr. C. J. VIII, 37, 4. IV 65, 4.

Hist. Aug. Pescenn. 7, 4. Elagab. 16, 4. Alex. 26, 5. 6. Dio. Cass. 80, 1. 2. Pernice, Ulpian als Schriftsteller. Sitzungsberichte der Berliner Akademie 1885 S. 443 ff.

64. Licinius Rufinus, Schüler des Paulus, *regular. l. XII* oder *XIII* (D. XI., 13, 4).

65. Älius Marcianus, *de appellationib. l. II*, nach dem Tode des Septim. Severus, *institution. l. XV (XVI?)*, *regular. l. V., de iudiciis publicis l. II, ad formulam hypothecariam l. sing., ad SC. Turpillianum l. sing., de delatoribus l. sing., notae* zu Papinian *de adulteriis*.

66. Ämilius Macer, thätig unter Caracalla und Alexander Severus, *de appellationib. l. II, de publicis iudiciis l. II, de officio praesidis l. II, ad leg. vicesimam hereditatium l. II, de re militari l. II.*

67. Julius Aquila, etwa gleichzeitig, *responsa*.

68. Furius Anthianus, etwa gleichzeitig, Kommentar zum Edikt, von dem die Kompilatoren nur noch 5 Bücher hatten.

69. Rutilius Maximus, etwa gleichzeitig, *ad leg. Falcidiam l. sing.*

70. Herennius Modestinus, Schüler Ulpians (D. XLVII, 2, 52, 20), als Präfectus *vigilum* in der *lis fullonum* thätig (§ 11), als Respondent erwähnt a. 239 (C. J. III, 42, 5), schrieb seine Werke nach Caracallas Tode, nur *de heurematicis l. sing.* (kasuistisch) könnte früher sein, jedenfalls nicht vor a. 204, *regular. l. X, pandectar. l. XII, differentiar. l. IX* (Unterscheidungen von Dingen, die leicht verwechselt werden), *responsor. l. XIX, de excusationib. l. VI*, griechisch (παραίτησις ἐπιτροπῆς καὶ κουρατορίας) vorwiegend auf provinzielle Verhältnisse berechnet, *de poenis l. IV, de praescriptionib. l. sing.* (D. XLV, 1, 101, angeblich aus Buch 4, kann aus Buch 4 der *pandectae*

sein); *libri singulares de enucleatis casibus, de manumissionib., de ritu nuptiar., de differentia dotis, de legatis et
fideicommiss., de testamentis, de inofficioso testam.*— D.XLI,
·1, 53. 54, welche die Inskription einem Werk des Modestin
ad Q. Mucium beilegt, scheinen von Pomponius zu sein.

71. Hermogenianus, meist erst in das 4. Jahrh.
versetzt, aber aus unzureichenden Gründen, der Sprache
nach noch der klassischen Zeit angehörig. *Juris epitoma-
rum l. VI*, Verarbeitung früherer Juristenschriften. Diesem Werk mag auch D. XXXVI, 1, 14 entstammen,
welche Stelle die Inskription einem 4. Buch *fideicommis-
sorum* beilegt.

72. Aurelius Arcadius Charisius, Magister Libellorum, gehört in das 4. Jahrhundert; nicht weil er in D.
I, 11, 1, 1 ein Gesetz Constantins vom J. 331 (C. Th.
XI, 30, 16) erwähnte; denn die *sententia principalis publice
lecta*, von der er spricht, ist das nicht, wohl aber wegen
seiner Sprache. — *Libri singulares de muneribus civili-
bus, de officio praefecti praetorio, de testibus.*

§ 15. 4. Behandlung der Schriften der klassischen Juristen in der Folgezeit.

Die seit dem 3. Jahrhundert erstarkende Sitte, die
einzelnen Schriftstellen der klassischen Juristen wie Ge-
setzestexte zu citieren, ist in der nachdiocletianischen
Zeit vollkommen an der Tagesordnung. *Jus* bedeutet
jetzt vorzugsweise das Recht der Juristenschriften im Gegensatz zu den Konstitutionen *(ius legesque)*. Dabei mussten
sich aber wegen der Menge des Stoffes und der Meinungsverschiedenheiten der klassischen Juristen häufig Zweifel

und Zufälligkeiten in der Auswahl des der Entscheidung zu Grunde zu Legenden, und wegen der Unvollkommenheit des Buchwesens Entstellungen, selbst Fälschungen der Texte einstellen. Die Gesetzgebung hat öfter, freilich roh und willkürlich, die Benutzung der Juristenschriften in den Gerichten zu regulieren gesucht.

Constantin verbot im J. 321 die Benutzung der Notae von Paulus und Ulpian zu Papinian mit dem albernen Grunde: *qui dum ingenii laudem sectantur, non tam corrigere eum quam depravare maluerunt* (C. Th. I, 4, 1). Dies war zufolge c. Deo auctore § 6 später auch auf die Noten Marcians ausgedehnt. Wahrscheinlich im Jahre 328 (C. Th. I, 4, 2) wurden alle Werke des Paulus, entsprechend dem Ansehen, das sie schon hatten, besonders aber die Sententiae, unter besonderer Hervorhebung ihrer Vortrefflichkeit mit Gesetzeskraft ausdrücklich bekleidet, eine Ausnahme in Bezug auf die Noten zu Papinian ist nicht ausdrücklich, aber wohl stillschweigend gemacht.

Im J. 426 erging das berühmte s. g. Citiergesetz Valentinians III. (C. Th. I, 4, 3). Man scheint in der Praxis sich hauptsächlich mit den Werken von Gajus, Papinian, Paulus, Ulpian und Modestin begnügt zu haben. Die ältere Litteratur, die bei diesen, besonders bei Ulpian, reichhaltig excerpiert vorlag, scheint selten geworden zu sein. Nun bestätigt das Gesetz die Schriften dieser fünf mit der Hervorhebung, dass Gajus dieselbe Autorität haben soll wie die andern. Auch die Sententiae des Paulus werden noch besonders bestätigt. Die Noten von Paulus und Ulpian zu Papinian bleiben ausgeschlossen. Es gelten aber auch die Ansichten derer, welche bei jenen fünf citiert sind; unter ihnen werden Sabinus, Scävola, Julian, Marcellus besonders genannt. Und zwar dürfen

nicht bloss die von den fünf citierten Stellen, sondern die
Werke der Citierten selbst benutzt werden, diese aber
nur, wenn die Echtheit der Lesart durch Vergleichung
mehrerer Handschriften festgestellt wird. Wenn Meinungsverschiedenheiten unter den Autoritäten obwalten, so
entscheidet deren Mehrzahl, bei Stimmengleichheit Papinian, und nur bei Stimmengleichheit unter den übrigen
darf der Richter den eigenen Verstand gebrauchen.

§ 16. 5. Die nachklassische Juris-prudenz.

Der Niedergang der römischen Jurisprudenz ist von
der Mitte des dritten Jahrhunderts an zu datieren. Es ist
kein rascher Sturz, sondern ein allmählicher Verfall im Zusammenhange mit dem allgemeinen Verfall der römischen Welt.

Ein Hauptgrund des Verfalls der Rechtswissenschaft
ist in der veränderten Stellung der Kaiser ihr gegenüber
zu suchen, eine Veränderung, die freilich eine schon stark
zurückgegangene Jurisprudenz voraussetzt. Die absolutistischen Kaiser seit Diocletian haben das *ius respondendi*
nicht mehr verliehen; sie haben die zwischen dem geltenden Recht und den Anforderungen der Äquität vermit-
telnde Interpretatio als kaiserliches Privilegium in Anspruch
genommen (Constantin C. J. I, 14, 1), den Juristen also
die alte Stellung als Fortbildner des Rechtes zu entziehen
gesucht; sie haben die freie Bewegung des Richters durch
die Citiergesetze geknebelt. Dass hierdurch die in der
Rechtswissenschaft noch lebenden Kräfte umsomehr ge-
lähmt wurden, ist begreiflich. Ausser den Arbeiten des
schon § 14, 72 mit aufgeführten Arcadius Charisius sind

Sammelarbeiten und Scholien das Einzige, wovon wir noch hören. Gegen die justinianische Zeit zeigt sich aber wieder ein entschiedener Aufschwung in den Rechtsschulen, vor allem der von Berytus. Als bedeutende Lehrer des fünften Jahrhunderts, zumeist in Berytus, sind bezeugt: Cyrillus, Domninus, Demosthenes Eudoxius, Patricius (Huschke p. 860 sqq.). Am besten zeigt die Wiedererhebung der Rechtswissenschaft die Thatsache, dass es dem Kaiser Justinian gelang, den unter Theodosius II. gescheiterten Plan einer grossen Kodifikation auszuführen, und dass die Jurisprudenz seiner Zeit die Fesseln sprengte, die er ihr in der Bearbeitung der Kodifikation aufzulegen gedachte.

§ 17. 6. Die Überlieferung der juristischen Werke.

I. Das meiste, was wir von den Werken und Aussprüchen der römischen Jurisprudenz kennen, verdanken wir den justinianischen Digesten; auch die justinianischen Institutionen, und hie und da auch Codex und Novellen tragen dazu bei. Die Werke der nachklassischen Zeit haben zum guten Teil ihre Bedeutung darin, dass sie Quellen für die Kenntnis der Klassiker sind. Dazu kommen sonstige litterarische Notizen. Im Original haben wir nur verhältnismässig Weniges.

Die Werke der klassischen Jurisprudenz, soweit thunlich in ihrem ursprünglichen Zusammenhange wiederhergestellt, bietet Lenel, *Palingenesia iuris civilis* (2 Bände. Leipzig 1888/9), ein ganz ausgezeichnetes Werk. Gajus' Institutionen, die Sententiae des Paulus, Ulpians l. sing. regular. und einiges andere hat Lenel nicht aufgenommen. Huschke, *Jurisprudentiae anteiustinianae quae supersunt*

(5. Auflage. Leipzig 1886) enthält eine Sammlung der ausserhalb derDigesten überlieferten Citate, und Ausgaben der selbständig überlieferten Schriften mit guten Parallelstellensammlungen. Kritisch besser sind die Ausgaben in Krüger, Mommsen, Studemund, *collectio librorum iuris Anteiustiniani* (3 Bde. Berlin 1877-90. Bd. 1 in 3. Aufl. 1891).

In das unten folgende Verzeichnis sind auch einige nur halb rechtswissenschaftliche Schriften aufgenommen.

II. Schriften der klassischen Zeit.

1. *Gaii institutionum commentarii quattuor* (§ 14, 38) waren bis 1816 nur bekannt in dem in der Lex Romana Wisigothorum enthaltenen Auszug (§ 18, 1) und aus sonstiger späterer Benutzung. 1816 fand Niebuhr in der Bibliothek des Domkapitels zu Verona einen Codex palimpsestus (rescriptus), welcher unter Werken des heiligen Hieronymus den echten Gajus enthält. Ein nicht reskribiertes Blatt der Handschrift war schon früher herausgegeben. Die Handschrift stammt etwa aus dem 5. Jahrhundert und ist durch wiederholte Nachvergleichung bis auf verhältnismässig wenige Lücken jetzt vollständig entziffert. Nachbildung der Handschrift: *Gaii institutionum commentarii quattuor. Codicis Veronensis denuo collati apographum* von G. Studemund (Leipzig 1874). (Collectio t. I. Huschke p. 148 sqq.)

2. *Macciani assis distributio* (§ 14, 43). Huschke p. 411 sqq.

3. Von *Papiniani responsa* (§ 14, 52) sind geringe Reste des 5. und 9. Buches auf ägyptischen Pergamentblättern erhalten; die des 5. in Berlin, zuerst 1879, die des 9. in Paris, zuerst 1883 herausgegeben. Ein Responsum Papinians bildet den Schluss der Lex Romana Wisigothorum. Einen Satz seiner Quästiones hat Harmenopoulos. (Collectio II p. 157. III p. 285 sqq. Huschke p. 435 sqq.)

4. *Pauli sententiae* (§ 14, 62) kennen wir aus dem in der Lex Romana Wisigothorum enthaltenen Auszuge, der aber nicht den reinen Text bietet, und nur etwa $\frac{1}{6}$ des Ganzen umfasst. In einigen Stellen der Handschriften ist er aus dem echten Werk ergänzt. Dazu treten andre Bruchstücke in Dig., Collatio, Fr. Vat. und andern Werken. (Collectio II p. 39 sqq. Huschke p. 450 sqq.) Citate aus Paulus' Institutionen: Collect. II p. 160. III p. 297 sq. Huschke p. 562.

5. Von *Ulpiani institutiones* (§ 14, 63) sind Reste auf Papyrus von Endlicher 1835 in der Wiener Bibliothek gefunden. (Collect. II p. 157 sqq. Huschke p. 617 sqq.)

6. *Ulpiani l. sing. regularum* (§ 14, 63) ist enthalten in einer Handschrift des 10. Jahrh. (im Vatikan) in einer wahrscheinlich bald nach 320 n. Chr. hergestellten Epitome, welche Ergänzungen erhält durch Dig. und Collatio. (Collect. II p. 1 sqq. Huschke p. 563 sqq.) Citate aus Ulpian: Collect. II p. 160. III p. 298. Huschke p. 623 sqq.

7. Das s. g. *fragmentum de iudiciis*, ein ägyptisches Papyrusblatt, in Berlin, zuerst 1879 herausgegeben, vielleicht aus einem selbständigen Werk *de iudiciis*, vielleicht aus einem Ediktskommentar. (Collect. III p. 298 sq.)

8. *Fragmenta de iure fisci*, zwei zugleich mit dem Gajus in Verona entdeckte Pergamentblätter aus dem 5. oder 6. Jahrh. Das Werk selbst, zu dem sie gehören, scheint dem Ende des 2. oder Anfang des 3. Jahrh. anzugehören. (Collect. II p. 162 sqq. Huschke p. 633 sqq.)

9. S. g. *fragmentum Dositheanum*. In einer Handschrift zu St. Gallen folgt auf die Ars grammatica des Dositheus eine Sammlung von *interpretamenta*, Übungsstücken zum Übersetzen zwischen dem Griechischen und dem Lateinischen, die man kein Recht hat, wie früher

allgemein geschah, dem Dositheus zuzuschreiben. Ein —
durch andere Handschriften überliefertes — Stück dieser
Sammlung enthält einen juristischen Traktat, lateinisch
und griechisch, aber durch schlechtes Hin- und Herüber-
setzen sehr entstellt. Die Rede ist von *ius naturale, gentium, civile, ius civile* und *ius honorarium*, dann von
Freilassungen. Das Werk, aus welchem das Bruchstück
stammt, ist nicht vor Julian geschrieben, der citiert wird.
(Collect. II p. 149 sqq. Huschke p. 424 sqq.)

10. *Tractatus de gradibus cognationum,* wohl aus klassischer Zeit, in den Handschriften der *notitia dignitatum.*
(Collect. II p. 166 sqq. Huschke p. 626 sqq.) Verwandt-
schaftstabellen: Collect. II p. 168. Huschke p. 628 sqq.

11. Ein Stückchen von *Pomponii liber regularum:*
Collect. II p. 148. Huschke p. 146 sq.

12. Ein Satz aus Modestins *libri regularum* und ein
Citat, wohl aus seinen *differentiae:* Collect. II p. 161.
Huschke p. 644.

13. Ein Pergamentblatt aus Ägypten in der Sammlung des Erzherzogs Rainer, zuerst 1888 herausgegeben,
aus einem nicht bestimmbaren Werk, nicht vor Julian.
In seinem Inhalt tritt die *formula Fabiana* hervor, daher
genannt *Fragm. de form. Fab.* (Collect. III. p. 299 sq.).

III. Aus nachklassischer Zeit.

a) Aus dem westlichen Reiche.

14. *Fragmenta Vaticana,* auf einem Palimpsest im
Vatikan von Angelo Mai entdeckt. Bruchstücke eines
grossen Sammelwerkes von Auszügen aus Schriften von
Paulus, Papinian, Ulpian, einer Schrift *de interdictis,* und
Kaiserkonstitutionen, materienweise geordnet, als selbst-
ständiges Produkt geringwertig, aber als Überlieferung

sehr wertvoll, weil der Verfasser die Texte nicht änderte. Entstanden im Westen (enthält Reskripte Maximians) zwischen 372 (bis dahin reichen die Konstitutionen [§ 37]) und 438 (der C. Th. ist dem Verfasser unbekannt), wahrscheinlich aber zur Zeit Constantins angelegt und um 372 nur vermehrt. (Collect. III p. 1 sqq. Huschke p. 706 sqq.)

15. *Collatio legum Mosaicarum et Romanarum*, in den Handschriften überschrieben: *lex Dei quam praecepit Dominus ad Moysen*, eine Gegenüberstellung von Sätzen des Pentateuch in lateinischer Übersetzung und Sätzen des römischen Rechts aus Gajus, Papinian, Paulus, Ulpian, Modestin, nebst Konstitutionen aus C. Gr., C. H. und einer Konstitution von 390, entstanden im Westen zwischen 390 und dem C. Th. Zweck des unbekannten Verfassers war, die Übereinstimmung des RR. mit dem Biblischen zu zeigen. (Collect. III p. 107 sqq. Huschke p. 645 sqq.)

16. *Q. Aurelii Symmachi relationes*, aus seiner Amtsführung als *praefectus urbi* von Rom 384 bis 385. Herausgegeben von W. Meyer (Leipzig 1873), von Seeck (Berlin 1883) (Monum. German. auct. antiquiss. VI, I).

17. Wahrscheinlich ebenfalls im Westen ist etwa 411/413 als Privatarbeit nach amtlichen Quellen verfasst die in einer Handschrift in Speier gefundene *notitia dignitatum utriusque imperii*, ein Verzeichnis der höheren Beamten beider Reichshälften mit ihrem Hilfspersonal und den ihnen unterstehenden Truppenteilen nebst ihren Insignien (mit Bildern). Herausgegeben mit Kommentar von Böcking (Bonn 1839—53), von Seeck (Berlin 1876).

18. *Consultatio*, Sammlung von Gutachten, die ein Rechtsgelehrter einem Anwalt erteilt, mit Belegen aus Pauli Sententiae, CC. Gr., H. und Th., in der zweiten Hälfte des 5. oder im 6. Jahrh. wahrscheinlich in Gallien

geschrieben. Von Cujacius aus verschollener Handschrift herausgegeben. (Collect. III p. 199 sq. Huschke p. 835 sqq.)

19. Zwei Anhänge zur Lex Romana Wisigothorum sind private Sammlungen von Auszügen aus römischen Quellen. (Collect. III p. 249 sqq.)

20. Cassiodorius Senator, c. 480—575, in zahlreichen und den höchsten Ämtern der auf römischem Fuss gebliebenen Verwaltung Italiens unter den Ostgoten thätig, schrieb *variarum l. XII*, Sammlung von ihm verfasster amtlicher Verfügungen und sonstiger Schriftstücke. Ausgabe von Mommsen, monum. Germaniae, auctores antiquiss. t. XII. Berlin 1884.

b) Aus dem östlichen Reiche.

21. *Scholia Sinaitica.* Im Sinaikloster sind kürzlich gefunden wenige Bruchstücke eines Werkes, welches Scholien zu Ulpians *libri ad Sabinum* enthielt. Dasselbe muss im Orient nach dem C. Th. und vor Justinian verfasst sein und dem Rechtsunterricht, vielleicht in Berytus, gedient haben. (Collect. III p. 265 sqq. Huschke p. 815 sqq.)

22. Das syrisch-römische Rechtsbuch. Nach 472, aber vor Justinian ist im Orient eine griechische Darstellung römischen Rechts entstanden, von der Übersetzungen in die syrische, arabische und andere orientalische Sprachen erhalten sind. Diese Übersetzungen haben jahrhundertelang von Ägypten bis Armenien grosse Anerkennung gefunden und sich sogar dem Justinianischen R. gegenüber behauptet. Sie enthalten das RR. nicht ungetrübt, vieles ist missverständlich, vieles in offenbar absichtlicher Abweichung vom RR. wiedergegeben (besonders in der Intestaterbfolge). Der Titel der Handschriften: „Gesetze und Befehle der siegreichen Könige" oder „Gesetze der siegreichen christlichen Könige Constantin, Theodosius und

7*

Leo" passt nicht; denn Konstitutionen dieser Kaiser bilden den
geringsten Teil. Mit deutschen Übersetzungen und Kommentar herausgegeben von Bruns und Sachau (Leipzig 1880).
23. Johannes Lydus schrieb unter Justinian *de magis-
tratibus rei publicae Romanae.* (Corpus scriptorum
historiae Byzantinae. [Bonn 1837] p. 119 sqq.)

IV.

§ 18. Leges Romanae der germanischen Reiche.

In den germanischen Reichen auf römischem Boden
sind drei Gesetzbücher erlassen, die, aus den Quellen des
römischen Rechts geschöpft, für die Erkenntnis des vor-
justinianischen Rechts von grosser Wichtigkeit sind, obwohl
sie es nicht ungetrübt enthalten.

I. *Lex Romana Wisigothorum* im J. 506 von König
Alarich II. gegeben für die Römer des Westgotischen
Reiches, später *Breviarium Alaricianum* genannt. Sie ist
hergestellt von einer Kommission von Prudentes, und
enthält Auszüge aus C. Th., posttheodosianischen Novellen,
Gaii institution., Pauli sententiae, C. Gr., C. H. und ein
Responsum Papinians. Gajus ist aufgenommen in einer
verkürzten Bearbeitung, welche wahrscheinlich im 4. oder
5. Jahrh. für Schulzwecke hergestellt war; sie lässt das
4. Buch ganz fort und zieht die drei ersten in zwei zusammen.
Bei den anderen benutzten Quellen ist den Auszügen, soweit
es erforderlich erschien, eine *interpretatio* beigegeben, welche
aber die Prudentes in der Hauptsache aus bereits vorhandenen schulmässigen *interpretationes* ausgezogen haben. Ausgabe: Haenel, lex Romana Visigothorum (Leipzig 1849).

II. *Edictum Theoderici*, erlassen von Theoderich dem Grossen gemeinsam für Römer und Ostgoten, wahrscheinlich bald nach 512, enthält in selbständiger Fassung Rechtssätze, die aus den CC. Gr. H. Th., posttheodosianischen Novellen, Pauli Sententiae und vielleicht noch anderen Quellen des römischen Rechtes, auch aus den *interpretationes* geschöpft sind. Ausgaben: Bluhme, monumenta Germaniae leges V p. 145 sqq. (Hannover 1875).

III. *Lex Romana Burgundionum*. In dem gegen Ende des 5. Jahrh. erlassenen Gesetzbuch für die Burgunder (Gundobada), welches nur teilweise auch für die Römer des Burgundischen Reiches galt, hatte König Gundobad (473—516) den Römern ein besonderes Gesetzbuch versprochen. Dieses ist erlassen wahrscheinlich noch von Gundobad, jedenfalls vor Untergang des burgundischen Reichs (534). Die Lex Romana Burgundionum stellt in selbständiger Fassung römische Rechtssätze, nicht frei von burgundischen Elementen, zusammen. Benutzt sind CC. Th. Gr. H., posttheodos. Nov., Pauli Sententiae und Gaii Institutiones (oder Regulae?), auch die vorhandenen Interpretationen. Ausgabe: Bluhme, monumenta Germaniae leges III p. 579 sqq. (Hannover 1863). v. Salis, mon. Germ. leg. sect. I t. II p. I (Hannover 1892).

V.

Die Justinianische Gesetzgebung.

§ 19. 1. Ihr Verlauf.

Kaiser Justinian (527-565) hat den Plan Theodosius' II., eine umfassende Kodifikation aus Konstitutionen und

Juristenschriften herzustellen, wieder aufgenommen und zum Ziel geführt. Sein Hauptratgeber dabei war Tribonian.

I. Zuerst befahl der Kaiser am 13. II 528 durch die (ebenso wie die im folgenden angeführten) nach den Anfangsworten so benannte *c. Haec quae necessario* (die erste Vorrede des Codex Justinianus) einer Kommission von 10 Mitgliedern, darunter Tribonian, Magister Officiorum, und Theophilus, Professor *(antecessor)* in Konstantinopel, die Abfassung eines neuen Codex Constitutionum, welcher am 7. April 529 durch die *c. Summa rei publicae* (2. Vorrede des C. J.) mit Gesetzeskraft vom 16. April 529 an veröffentlicht wurde.

II. Auf Grund eines der *c. Deo auctore* vom 15. Dez. 530 (1. Vorrede der Digesten) vorangegangenen Befehls bildete Tribonian, jetzt Quaestor sacri palatii, unter seiner Leitung eine Kommission von 17 Mitgliedern, Constantinus, Comes sacrarum largitionum u. s. w., zwei Professoren von Konstantinopel, Theophilus und Cratinus, zwei von Berytus, Dorotheus und Anatolius, und elf Advokaten vom Gericht des Präfectus Prätorio Orientis (c. Tanta § 9), zum Zwecke der Ausarbeitung einer Sammlung von Auszügen aus den Juristenschriften *(Digesta, Pandectae)*. Das Werk dieser Kommission ist durch *c. Tanta* (in griechischer Ausfertigung Δέδωκεν, 3. Vorrede der Digesten) vom 16. Dez. 533 mit Gesetzeskraft vom 30. Dez. 533 publiziert und gleichzeitig durch *c. Omnem rei publicae* (2. Vorrede der Dig.) den Professoren in Konstantinopel und Berytus als nunmehr zu beobachtende Grundlage des Rechtsunterrichts zugefertigt.

III. Das schon in der *c. Deo auctore* (§ 11) in Aussicht genommene Lehrbuch für Anfänger, *Institutiones Elementa*, ist nach Fertigstellung der Digesten von Tribonian, Dorotheus und Theophilus auf Befehl des Kaisers ausgearbeitet, aber noch vor den Digesten durch *c. Imperato-riam majestatem* (Vorrede der Inst.) vom 21. Nov. 533 publiziert und nach c. Tanta § 23 mit Gesetzeskraft vom 30. Dez. 533 an versehen.

IV. Seit Erlass des Codex hatte Justinian durch einzelne Konstitutionen manche Kontroversen der Juristen entschieden. Diese Entscheidungen wurden in eine (verlorene) offizielle Sammlung der *quinquaginta decisiones* gebracht (c. Cordi § 1 u. 5). Auch waren seit Erlass des Codex manche sonstige Gesetze erlassen, und in den Digesten durch Änderungen der alten Texte manche Neuerungen eingeführt. Den hierdurch veralteten Codex liess Justinian durch Tribonian, Dorotheus und drei der an den Digesten beteiligten Advokaten revidieren.

Das überarbeitete Werk, *Codex Justinianus repetitae praelectionis* wurde durch *c. Cordi* (3. Vorrede zum Codex) vom 16. Nov. 534 mit Gesetzeskraft vom 29. Dez. 534 publiziert.

V. Nach Vollendung dieser Arbeiten erliess Justinian noch eine grosse Zahl von einzelnen Gesetzen (*Novellae leges*) zum Teil grossen Umfangs und einschneidender Bedeutung. Diese wurden amtlich in eine Sammlung eingetragen (ob. S. 49). So viel wir wissen, ist aber diese Sammlung nicht offiziell veröffentlicht.

VI. Nach Wiedereroberung Italiens führte Justinian seine drei Gesetzbücher dort mittels Edikts ein, bestätigte ihre Geltung durch die Sanctio pragmatica *Pro petitione Vigilii* (vgl. ob. S. 47) vom 13. Aug. 554 und ordnete zugleich an, dass auch die Novellen in Italien ediktal publiziert werden sollten.

§ 20. 2. Die Bestandteile der Justiniani-schen Gesetzgebung.

I. Die Institutionen stellen das Privatrecht in kurzem Abriss dar, anhangsweise auch Strafrecht und Strafprozess berührend (IV, 18 *de publicis iudiciis*). Sie zerfallen in vier, in Titel mit Rubriken geteilte Bücher. Nach c. Imperatoriam maiestatem § 6 sind sie aus den älteren Institutionenlehrbüchern, vornehmlich dem des Gajus, desselben *res cottidianae* (ob. S. 85) und anderen Werken zusammengearbeitet. Ihre Quellen im einzelnen geben sie nicht an. Was aus Gajus, und hie und da, was aus anderen Juristenschriften oder Konstitutionen entnommen ist, lässt sich durch Vergleichung anderweitiger Überlieferung feststellen; soweit diese Vergleichung nicht führt, liegt dagegen die Frage nach den Quellen der einzelnen Partieen der Institutionen vorläufig noch ziemlich hoffnungslos. Eine Turiner Handschrift hat Scholien, welche wohl in Justinians Zeit zurückgehen und vorjustinianische Quellen benutzen. (S. g. Turiner Institutionenglosse. Krüger, Zeitschr. f. Rechtsgesch. B. VII S. 47 ff.) Aus stilistischen Gründen hat man mit Recht geschlossen, dass Buch I und II einen andern Verfasser haben als Buch III und IV, und dass mutmasslich jeder der beiden an der Abfassung beteiligten Professoren eine dieser Hälften bearbeitet hat, während Tribonian nur die Oberleitung des Ganzen hatte. Die Paragrapheneinteilung ist späteren Ursprungs.

II. Die s. g. Kompilatoren der Digesten hatten Befehl, die Schriften derjenigen Juristen, welchen die Kaiser das ius respondendi *(auctoritatem conscribendarum interpretandarumque legum)* erteilt hatten, zu excerpieren, und die Excerpte in 50 Bücher mit Titeleinteilung nach

Anhalt des Codex Justinianus und des prätorischen Edikts zu ordnen. Dieses Werk sollte dann die alleinige Grundlage der Benutzung der Juristenschriften in den Gerichten sein; das Citiergesetz Valentinians III. wurde aufgehoben; alle Juristen sollten gleichstehen, auch die Noten zu Papinian von Paulus, Ulpian, Marcian durfte die Kommission benutzen. Sie sollte die alten Texte nach Ermessen kürzen, ergänzen oder sonst verbessern. Widersprüche sollten nicht vorkommen, auch keine Wiederholungen, weder innerhalb der Digesten, noch im Verhältnis zum Codex, in letzterer Beziehung höchstens dann, wenn besondere Umstände dazu führten. Aufgenommen werden sollte nur, was noch in praktischer Geltung stand, worüber im Zweifel die Rechtsgewohnheit von Konstantinopel entscheiden sollte (c. Deo auctore).

Demgemäss umfassen die Digesten 50 Bücher, welche mit Ausnahme von B. 30—32 in Titel mit Rubriken geteilt sind; 30—32 bilden zusammen einen Titel *de legatis*. Die Ordnung folgt den befohlenen Vorlagen. Die offizielle Einteilung in sieben *partes* lehnt sich an die der Ediktskommentare und dient hauptsächlich den Zwecken des Rechtsunterrichts (vgl. c. Omnem rei publ. § 2 sqq.). Nach der c. Tanta § 2 sqq. ist die Einteilung folgende: I. πρῶτα lib. 1—4. II. *de iudiciis* lib. 5—11. III. *de rebus* lib. 12—19. IV. *umbilicus* lib. 20—27. V. lib. 28—36, darunter 28—29 *de testamentis* betitelt; die folgenden Inhaltsangaben der c. Tanta treten nicht mehr als Titel auf. VI. lib. 37—44. VII. lib. 45—50. Die Titelübersicht in der Florentiner Handschrift (in Mommsens kleinerer Ausgabe p. V. sqq.) weicht von dieser Einteilung mehrfach ab.

In die einzelnen Titel sind die Excerpte (s. g. *fragmenta*, *leges)* mit Angabe des Verfassers und des Werkes, dem sie entstammen (Inskription), eingetragen. (Die Paragrapheneinteilung ist späteren Ursprungs.) Das offizielle Verzeichnis der benutzten Werke, welches den D. vorangestellt werden sollte (c. Tanta § 20), ist durch die Florentinische Handschrift überliefert (s. g. *Index Florentinus* [Mommsen's kleinere Ausgabe p. XXX sqq.]). Dasselbe ist aber nicht frei von Mängeln. Ein genaues von Krüger bei Mommsen a. a. O. p. 879 sqq. Im ganzen sind 40 Juristen benutzt. Nach Justinians Angabe (c. Tanta § 1) lagen 2000 *libri* mit 3 000 000 *versus* (Zeilen) vor, welche die Kompilatoren auf 150 000 *versus* reduziert haben. Die benutzten sind nicht durchweg solche Juristen, welche das *ius respondendi* gehabt haben. Gajus hatte es wahrscheinlich nicht, und die Republikaner Q. Mucius, Alfenus und Älius Gallus können es ebensowenig gehabt haben, wie der dem 4. Jahrhundert angehörige Arcadius Charisius. Den Löwenanteil hat Ulpian, aus dem ein Drittel, danach Paulus, aus dem ein Sechstel des Ganzen stammt. Die Kommission teilte (nach einer Entdeckung Bluhmes) die zu excerpierenden Schriften in drei Massen, welche vielleicht je einer Subkommission überwiesen wurden. Die jeder Masse angehörenden Auszüge stehen in den einzelnen Titeln bei einander, nur ist manchmal ein Fragment wegen inhaltlicher Verwandtschaft zu solchen einer anderen Masse in diese eingesprengt; auch sonst finden sich kleine Abweichungen. Die eine Masse beginnt mit den *libri ad Sabinum*, daher Sabinusmasse genannt, die andere mit den *libri ad edictum*, daher Ediktsmasse, die dritte mit den Quästiones und Responsa Papiniäns, daher Papiniansmasse. Einige wohl erst im Laufe der Arbeit herbeigeschaffte Werke sind einer vierten Masse überwiesen, s. g. Appendixmasse.

Die Reihenfolge der Massen in den Titeln wechselt: nicht alle Titel haben alle Massen, manche zwei Serien der verschiedenen Massen, was wohl daher kommt, dass man ursprünglich beabsichtigte, zwei Titel zu bilden, und diese später zu einem verband. Ein genaues Verzeichnis der zu den vier Massen gehörigen Schriften gibt (nach Bluhme) Krüger bei Mommsen a. a. O. p. 874 sqq. Auch ist bei Mommsen zu den einzelnen Titeln der D. angegeben, wie sie sich aus den Massen zusammensetzen.

Die Arbeit der Kommission ist, verglichen mit den etwa gleichzeitigen Arbeiten auf dem Boden des Westreichs, selbst mit der besten unter ihnen, der Lex Romana Wisigothorum, höchst respektabel. Die in Wahrheit kaum lösbare Aufgabe, aus zahllosen Schriften kontrovertierender Juristen eines Zeitraums von nahezu 400 Jahren, dessen Ende schon etwa 200 Jahre zurückliegt, ein einheitliches modernes Gesetzbuch zu machen, hat die Kommission in hochachtbarer Weise zu lösen gesucht, wenn auch viele Mängel übrig geblieben sind. Insbesondere fehlt es nicht an Widersprüchen und Wiederholungen, selbst Wiederholung einer und derselben Stelle kommt vor *(leges geminatae)*. Stellen, deren Beziehung zu dem Titel, in dem sie stehen, dunkel ist, nennt man *leges fugitivae, erraticae.* In die Texte hat die Kommission instruktionsgemäss durch Auslassungen, Zusätze und Veränderungen überall tief eingegriffen. Zusätze und Veränderungen nennt man Interpolationen *(emblemata Triboniani).* Man hat das unbehagliche Gefühl, dass man die volle Garantie dafür, Worte der Klassiker vor sich zu haben, eigentlich nirgends in den Digesten besitzt; dennoch bleibt nichts übrig, als jeden Satz und jedes Wort so lange für echt zu nehmen, bis sich positive Gründe für einen Eingriff der Kompilatoren ergeben. Diese Materie gehört zu den interessantesten, aber auch schwierigsten des Quellenstudiums. Während zahlreiche Interpolationen längst bekannt sind, hat man erst in neuester Zeit umfassende und systematische Nachforschung nach den Interpolationen gehalten und feste Grundsätze zur Reinigung der Klassikertexte zu gewinnen gesucht. Hauptverdienst in dieser Richtung haben Eisele, Zeitschrift der Savigny-Stiftung B. 7, 1 S. 15 ff., B. 10 S. 296 ff., B. 11 S. 1 ff., B. 13 S. 118 ff.; Gradenwitz, Interpolationen in den Pandekten. Berlin 1887; Lenel in den Noten seiner Palingenesie. Man darf dieser Bewegung aber trotz allem für sie eingesetzten Scharfsinn nur mit grosser Vorsicht folgen.

Glosseme sind ursprüngliche Glossen, welche ein späterer Abschreiber aus Versehen in den Text aufnahm. Auch sie sind in den D. zahlreich, von Interpolationen nicht immer klar zu unterscheiden, und stammen wohl grossenteils schon aus den Handschriften, welche den Kompilatoren vorlagen.

Die älteste und beste Handschrift der Digesten ist die s. g. Florentina (scl. littera Lesung), geschrieben von Griechen im 6. oder 7. Jahrhundert. Sie soll im J. 1135 von den Pisanern der Stadt Amalfi abgenommen sein, war jedenfalls seit der Mitte des 12. Jahrh. in Pisa, kam 1406 nach dessen Eroberung durch die Florentiner nach Florenz. Sie ist fast vollständig und verhältnismässig wenig fehlerhaft. Von Handschriften ähnlichen Werts sind nur geringe Reste vorhanden.

Diesen Handschriften gegenüber stehen die s. g. Vulgathandschriften, wie sie die Bologneser Glossatoren hatten (littera Bononiensis), seit dem 11. Jahrh. Sie sind vollständig von der Florentina abhängig, haben aber bis

Buch 34 einzelne der Florentina gegenüber bessere Les-
arten, die nicht auf Konjektur, sondern auf handschrift-
licher Überlieferung beruhen. Danach ist mit Mommsen
anzunehmen, dass die Vulgathandschriften alle auf eine
Mutterhandschrift zurückgehen, welche aus der Florentina
abgeschrieben, aber bis Buch 34 aus einer zweiten, der
Florentina gleichwertigen Handschrift korrigiert war. Einzelne griechische Stellen haben sie nachgemalt, in der
Hauptsache aber enthalten sie das Griechische der D. nur
in einer lateinischen Übersetzung des Pisaners Burgundio
(gest. 1194). Gewöhnlich umfassen sie nur ein Stück der
Digesten nach eigentümlicher Dreiteilung, zu welcher Zu-
fall und Absicht zusammengewirkt haben müssen: 1. *Digestum vetus* bis Buch 24 Tit. 3 *inscriptio* von l. 2 Wort *trige-
simo* einschliesslich, später nur bis XXIV, 2 i. f. 2. *(Digestum) Infortiatum* (verstärkte Digesten) von XXIV, 3 bis
XXXVIII Ende. Hiervon heisst der Schlussabschnitt *tres
partes*, beginnend XXXV, 2, 82 mitten im Satze mit den
Worten *tres partes*. 3. *Digestum novum*: XXXIX—L. Vgl.
Mommsen, Präfatio der grösseren Ausgabe; — Abbildungen aus den Handschriften am Schluss beider Bände.

III. Der Codex Justinianus. Die Kommission
zur Abfassung des älteren Codex hatte den Befehl, aus
den CC. Gr. H. Th. und aus den nach Abschluss des
C. Th. ergangenen Konstitutionen eine neue Konstitutionen-
sammlung unter dem Namen Codex Justinianus zusammen-
zustellen. Nicht mehr Gültiges sollte sie fortlassen, nichts
doppelt und keine Widersprüche aufnehmen, alles unter
passende Titel chronologisch ordnen, Konstitutionen, die
sine die et consule vorlägen, mit dieser Bezeichnung versehen. Solche Gesetze sollten darum nicht weniger gelten;
ebenso wie Spezialreskripte und Pragmaticae durch Auf-

nahme in den Codex den Constitutiones generales gleich-
gestellt werden sollten. Überflüssige Vorreden der Konstitutionen sollten beseitigt, die Texte nach Bedarf ge-
ändert, dem Inhalt nach zusammengehörige Konstitutionen
zu einer vereinigt werden; auch die Ermächtigung, Konstitutionen zum Zweck der Verteilung auf mehrere Titel
zu zerschneiden, muss die Kommission gehabt haben, obwohl dies in der Instruktion deutlich wenigstens nicht steht
(c. Haec quae necessario § 2, c. Summa § 1). Der Codex,
wie er vorliegt, beruht in der Hauptsache auf der Arbeit
der ersten Kommission, die zweite hatte nur den Auftrag,
die inzwischen ergangenen Gesetze in ihn einzutragen
und die dadurch bedingten Veränderungen in dem älteren
Bestande seines Inhaltes vorzunehmen (c. Cordi § 2. 3).
Der alte Codex wurde aufgehoben, und es blieben von
früheren Konstitutionen ausserhalb des neuen Codex nur
in Kraft die bei den Behörden registrierten militär- und
fiskalrechtlichen, sowie diejenigen Pragmaticae, welche
Privilegien erteilten, oder dem Codex nicht widersprachen
(c. Summa § 4, Cordi § 4. 5).

Der Codex zerfällt in 12 Bücher, diese in Titel mit
Rubriken. Die Ordnung ist im ganzen aus Verschmelzung
derjenigen des C. Gr. und C. Th. hervorgegangen. Titelübersicht vor den Ausgaben (Krüger, kleinere Ausg. p.
VII sqq.).

Aufgenommen sind Konstitutionen von Hadrian an.
Über die hervorragende Rolle diocletianischer Konstitutionen und ihre Ursachen vergl. ob. S. 53 f. Occidentalische Konstitutionen nach Abschluss des C. Th. fehlen.
Den Konstitutionen ist die Angabe der Urheber und der
Adressaten vorangestellt (Inskription). Die Datierung u. s. w.
steht am Schlusse (Subskription). (Die Paragraphenein-

teilung ist späteren Ursprungs.) Die oben besprochenen
Zusammenlegungen, Zerteilungen, Veränderungen der Texte
sind zahlreich vorgenommen. Konstitutionen, welche aus
dem C. Th. in den C. J. übergegangen sind, haben somit
zweimal derartige Veränderungen über sich ergehen lassen
müssen (vergl. ob. S. 55 f.). Die moderne Interpolationen-
forschung hat dem Codex noch nicht dieselbe Aufmerksamkeit gewidmet wie den Digesten.

In den Handschriften des Codex sind früh Inskriptionen und Subskriptionen vernachlässigt, der Inhalt selbst
stark verkürzt. Man liess die drei letzten Bücher fort,
in den übrigen überging man die griechischen und viele
lateinische Konstitutionen. Mindestens seit dem 9. Jahrhundert hat man aber angefangen, das Fehlende wieder
zu ergänzen. Die existierenden Handschriften der Bücher
1—9 *(Codex)* gehen bis ins 11., die der drei letzten
Bücher *(tres libri)* jedoch nur bis ins 12. Jahrhundert
zurück. Wichtig für die Kritik ist auch ein Auszug, der
frühestens aus dem 7. Jahrhundert stammt und, weil in
einer Handschrift des 10. Jahrhunderts zu Perugia überliefert, *Summa Perusina* genannt wird (Heimbach, Anec-
dota T. II, Leipzig 1840). Die griechischen Konstitutionen
sind erst seit dem 16. Jahrhundert aus den Basiliken und
andern Quellen wiederhergestellt *(leges restitutae)* vergl.
Krüger, Praefatio seiner grösseren Ausgabe.

IV. Die Novellen sind meistens in griechischer
Sprache erlassen, einige aus besonderem Grunde, weil
sie sich auf die Thätigkeit der obersten Reichsbehörden
beziehen, oder weil sie für die lateinischen Reichsteile
bestimmt waren, lateinisch, einige zweisprachig. Erhalten
sind verschiedene Sammlungen.

1. Die *epitome Juliani*, ein lateinischer Auszug aus

122 Novellen der Jahre 535—555; zwei kommen doppelt vor, wodurch die Zahl auf 124 steigt. Privatarbeit eines Professors Julianus in Konstantinopel noch zur Zeit Justinians. Ihre Anhänge vgl. Krüger S. 372.

2. Das sogen. *Authenticum*, eine Sammlung von 134 Novellen der Jahre 535—556, die lateinischen im Original, die griechischen in einer sehr mangelhaften lateinischen Übersetzung, die auf eine zum Teil bereits textlich verdorbene griechische Vorlage schliessen lässt. Danach ist unwahrscheinlich, dass (wie behauptet ist) in dieser Sammlung die offizielle Publikation der Novellen für Italien vorliege; die Sammlung scheint aber allerdings in Italien entstanden zu sein. Ihr Name soll daher rühren, dass Irnerius, der berühmte Glossator (um 1100), zuerst nur die Epitome Juliani gekannt, und als er die hier besprochene Sammlung kennen gelernt, ihre Echtheit bezweifelt, dann aber sie als die authentische vor dem Julian bevorzugt habe. Jedenfalls hat diese Bevorzugung seit dem 12. Jahrhundert stattgefunden. Die von dem Inhalt des Authenticums brauchbar befundenen 96 Novellen *(authenticae* in diesem Sinne), die man glossierte, ordnete man in 9 Collationes, die andern liess man als *authenticae inutiles, extraordinariae* entweder fort oder stellte sie an den Schluss. Die so geordnete Sammlung ist die sogen. Vulgata. Auszüge aus den einzelnen Novellen wurden zu den Stellen des Codex, zu welchen sie in Beziehung stehen, am Rande vermerkt, später auch in den Text aufgenommen (*authenticae* in diesem Sinne).

3. Die griechische Novellensammlung, von den Humanisten ans Licht gezogen, enthält 168 Nummern. Dazu kommen in einer Handschrift in Venedig noch 13 Edikte Justinians. Davon sind aber 7 Doubletten, 5 Ge-

setze Justinians vor Abschluss des Codex, 4 Gesetze von Justinus II. (565—578), 4 von Tiberius II. (578– 582), 3 bis 4 *formae praefectorum practorio*, so dass eigentliche justinianische Novellen 158 bis 159 übrig bleiben. Lateinische Novellen haben die Handschriften teils gar nicht, teils in griechischem Auszuge. Die Sammlung ist im Orient, wahrscheinlich in Konstantinopel geschrieben, angelegt unter Justinian, abgeschlossen unter Tiberius II. Dazu treten einige Ergänzungen der Überlieferung durch andere Sammelwerke und Auszüge. (Vergl. Kroll Praefatio zu seiner und Schöll's Ausgabe.)

§ 21. 3. Zusammenfassung zum *Corpus iuris civilis*. Ausgaben.

I. Der Ausdruck *corpus iuris* im Sinne der Gesamtheit des Rechts ist echt römisch (vgl. ob. S. 6 mit Beziehung auf die XII Tafeln; ferner C. J. V, 13, 1 pr.); als Bezeichnung für die Gesamtheit der justinianischen Rechtsbücher findet er sich schon bei den Glossatoren des 12. Jahrh. Die Handschriften umfassten aber immer nur ein Stück des Ganzen und zwar so, dass Digestum vetus, Infortiatum, Digestum Novum, Codex (l. I IX) je einen selbständigen Band bilden, Institutionen, *tres libri* und Novellen in einem Bande (*volumen parvum, volumen*) zusammengefasst wurden, in welchen man noch die Bücher des langobardischen Lehenrechts (*libri feudorum*) und einzelne Gesetze deutscher Kaiser als *decima collatio* (zu den 9 Collationes der Novellen) aufnahm. Abschnitte aus Gesetzen Friedrichs I. und II. wurden auch wie die Novellenauszüge in den Codex eingereiht (*authenticae Fridericianae*).

Auch in den Ausgaben erscheinen zunächst jene 5 Bände selbständig. Die ältesten Ausgaben haben gewöhnlich die Glosse des Accursius (gest. um 1260), die aber im Laufe der Zeit Zusätze erhielt; oft findet sich als 6. Band ein Sachregister (*Thesaurus Accursianus*). Die letzte glossierte Ausgabe ist von Joh. Fehius (Lyon 1627. 6 Bde. fol.).

II. Die humanistische Bewegung des 15. und 16. Jahrh. hat auch für die Herstellung der Quellen des römischen Rechts in reinerer Gestalt reiche Früchte getragen.

Gregor Haloander (1501—1531) gab 1529—1531 alle Bestandteile des Corpus Juris Civilis heraus und zwar Digesten wie Codex unzertrennt, die Novellen zum ersten Male griechisch mit lateinischer Übersetzung. Die Textverbesserungen Haloanders haben grossenteils dauernden Wert behalten. Lelio Torelli gab 1553 die Digesten in ausgezeichnetem kritischen Abdruck der Florentina heraus. Die Herstellung der verlorenen griechischen Konstitutionen des Codex beruht hauptsächlich auf den Arbeiten von Antonius Augustinus (Constitutionum Graecarum Codicis collectio 1567) und Cujacius (Ausgabe der *tres libri* 1562 und observationes). Cujacius gab auch, zuerst 1585, die Institutionen heraus. Die Novellen edierte Heinrich Scrimger 1558 vollständiger als Haloander nach der venetianischen Handschrift. Nach ihm gab Antonius Contius in seiner (zweiten) zu grossem Ansehn gelangten Ausgabe (1571) den griechischen Text nebst einem lateinischen, der sich zusammensetzt aus Vulgata und Übersetzungen von Haloander, Heinrich Agylacus *(supplementum versionis novellarum Haloandrinae 1560),* Contius selbst und anderen Zuthaten. Contius ist auch Urheber der jetzt gebräuchlichen Zählung und Einteilung der Novellen.

Die erste Gesamtausgabe unter dem Titel *Corpus*

iuris civilis ist die von Dionysius Gothofredus (1549—1622) im Jahre 1583 veranstaltete. Die seitdem zahlreich erschienenen Wiederholungen und Nachdrücke der gothofredischen Ausgaben herrschten bis in das 18. Jahrhundert vor. Sie enthalten J., D., C. und Nov., die letzteren auf Grund der Rezension des Contius, aber manchmal nur lateinisch; dazu Beigaben verschiedener Art. Der von Späteren vermehrte Notenapparat ist als Parallelstellensammlung noch heute wohl brauchbar. Als die beste dieser Ausgaben gilt die von Simon van Leeuwen 1663 besorgte (Amsterdam fol.).

Die Ausgabe von Gebauer und Spangenberg 1776—1797 hat den Text der Digesten auf Grund einer Nachvergleichung der Florentina durch H. Brencmann verbessert und den Novellen eine neue Übersetzung von J. Fr. Hombergk zu Vach (erschienen 1717) beigegeben. Die Beck'sche Ausgabe (Leipzig 1825—1836) gibt die Novellen griechisch, in Hombergk'scher Übersetzung und nach dem Authenticum in ursprünglichem Zusammenhange. Die Ausgabe der Brüder Kriegel mit Hermann (Codex) und Osenbrüggen (Novellen) zuerst 1828—1843 (17. Aufl. Leipzig 1887), hat viel Verdienst um die Kritik des Codex und hat die Hombergk'sche Übersetzung verbessert. Die beste Ausgabe ist jetzt die von Krüger (J. und C.), Mommsen (D.) und Schöll (Nov., nach Schöll's Tode vollendet von Kroll). (Berlin. B. 1. [J. D.] u. 2. [C.] 1872. 7. u. 6. Aufl. 1895. B. 3. [Nov.] 1880—1895.) J. D. u. C. beruhen auf vorangegangenen Einzelausgaben, die aber durch die Gesamtausgabe Verbesserungen erfahren haben: *Justiniani Institutiones. Recensuit P. Krueger* (Berlin 1867). *Digesta Justiniani Augusti. Recognovit assumpto in operis societatem Paulo Kruegero Th.*

8*

Mommsen. 2 voll. (Berlin 1868. 70). *Codex Justinianus. Recensuit Paulus Krüger* (Berlin 1877). Die Novellen sind nur einmal bearbeitet. Die Ausgabe stellt dem Text der griechischen Sammlung den des Authenticums zur Seite, darunter eine neue lateinische Übersetzung. Hinzugefügt sind einige zerstreut überlieferte Konstitutionen Justinians, darunter auch die *Sanctio pragmatica: Pro petitione Vigilii.* —

Von Einzelausgaben sind noch zu nennen: Institutionen mit Kommentar von Ed. Schrader (*Corpus iur. civ. t. I* [Berl. 1832], mehr nicht erschienen), auch eine kleinere Ausgabe nur mit Parallelstellensammlung von demselben mit Tafel, Clossius, Maier (zuerst 1835); ferner eine solche von Huschke (Leipzig 1867). — *Juliani epitome* von Haenel (Leipzig 1873). — Authenticum von Heimbach, II partes (Leipzig 1845—51). — *Justiniani novellae quae vocantur sive constitutiones quae extra Codicem supersunt ordine chronologico digestae ed. Zachariae a Lingenthal.* II partes (Leipzig 1881). Dazu Nachtrag: *de dioecesi Aegyptiaca lex* [a. 554] (Leipzig 1891).

VI.

§ 22. Die orientalischen Bearbeitungen der justinianischen Gesetzgebung.

I. Mit Justinian pflegt man die römische Rechtsgeschichte abzuschliessen; der berechtigte Grund dafür ist, dass Justinians Gesetzgebung in Deutschland recipiert, nur bis dahin also die römische Rechtsgeschichte Vorgeschichte unseres eigenen Rechtes ist. Die byzantinischen Bearbeitungen des römischen Rechtes aber sind für Kritik und Auslegung des justinianischen Rechtes von grosser Bedeutung.

Justinian hatte in c. Deo auctore § 12. Tanta § 21 in Anschung der Digesten jede Kommentierung als dem wahren Sinne des Gesetzes gefährlich verboten, nur wörtliche Übersetzungen (κατὰ πόδα), kurze Inhaltsangaben (ἴνδικες) und παράτιτλα, Parallelstellensammlungen zu einzelnen Stellen und ganzen Titeln sollten erlaubt sein. Diese auf die andern Werke Justinians nicht erweislich ausgedehnten Bestimmungen sind bald übertreten. Man verfasste auch Übersetzungen εἰς πλάτος: erläuternde Paraphrasen, und Kommentare: παραγραφαί. Auch einzelne Monographien kommen vor. Zum grössten Teile kennen wir diese byzantinische Rechtslitteratur nur aus den Basiliken und ihren Scholien. Selbständig überliefert ist die griechische Paraphrase zu den Institutionen, die dem Theophilus selbst zugeschrieben wird. Diese Angabe wird freilich wegen der inneren Mängel des Werkes bezweifelt, findet sich aber schon in Scholien des sechsten Jahrhunderts (vergl. Zachariae v. Lingenthal, Zeitschr. der Savigny-Stift. B. 10 S. 257 f.). (Ausgabe von Reitz, 2 Bde. [Hag. 1757]. Eine neue von E. C. Ferrini ist im Erscheinen [Berlin 1884 ff.]).

II. Mehrmals sind von den byzantinischen Kaisern gesetzliche Auszüge und Bearbeitungen der justinianischen Rechtsbücher veranstaltet. Hiervon ist die wichtigste τὰ Βασιλικά, begonnen unter Basilius Macedo, vollendet und publiziert unter Leo dem Weisen (886—911). Sie enthalten in 60 Büchern eine zeitgemässe griechische Bearbeitung der justinianischen Gesetzgebung, aus deren einzelnen Bestandteilen jedesmal das Zusammengehörige in einem Titel der Basiliken vereinigt ist. Der Text ist um so wertvoller, weil er auf den älteren Übersetzungen beruht. Im 10. Jahrh. ist das Werk mit Scholien aus der älteren byzantinischen Litteratur versehen. Der Text ist ziemlich vollständig, die Scholien nur teilweise auf uns gekommen. (Ausg. von Heimbach 6 Bde. mit Supplement von Zachariae von Lingenthal[Leipzig 1833-1870].) Die Überlieferung wird ergänzt durch spätere Bearbeitungen. Dahin gehört die Synopsis Basilicorum (um 950), alphabetischer Auszug aus den Basiliken, der s. g. Tipucitus (τί ποῦ κεῖται), Inhaltsangabe der Basiliken mit Parallelstellen und neueren Gesetzen (aus dem 12. Jahrh.). Die letzte noch in Betracht kommende Bearbeitung des römisch-byzantinischen Rechtes ist der ἑξάβιβλος des Konstantinos Harmenopoulos, Nomophylax und Richters von Thessalonich, um 1345 (ed. Heimbach [Leipz. 1851]).

Im übrigen zu verweisen auf K. E. Zachariä von Lingenthal, Geschichte des griechisch-römischen Rechts (3. Aufl. Berlin 1892) Einleitung.

VII.

§ 23. Privaturkunden und Verwandtes.

I. Private Rechtsurkunden auf Wachstafeln und Papyrus, und Inschriften, welche Rechtsvorgänge bekunden oder sonst von juristischem Interesse sind, haben wir in ziemlich grosser Zahl; das Material ist zu umfänglich, um hier einzeln besprochen zu werden. Eine reiche Sammlung, geordnet nach den Rechtsverhältnissen, von denen die Rede ist, hat Bruns I p. 270 bis 357. Auch das schiedsrichterliche Urteil p. 360, den inschriftlich erhaltenen s. g. Schiedsspruch von Histonium, rechnen wir hierher; denn der römische Schiedsspruch ist ein Privatakt. Ein Testament von 189 n. Chr., vgl. Zeitschr. d. Savigny-Stiftg. B. 16, S. 198 ff. Mit den Urkunden letztwilliger Verfügungen kann man, wie bei Bruns geschehen (S. 280 ff.), auch die *gesta de aperiundo Testamento* zusammenstellen, insofern in ihnen ein Stück des Testamentes verlesen wird, im übrigen sind sie amtliche Verhandlungen vor Gemeindebehörden. Das bei Bruns abgedruckte Stück ist eines von fünf solchen Protokollen, welche eine Papyrusurkunde aus Ravenna enthält. Vollständig bei Savigny, vermischte Schriften B. 3. S. 122 ff. Auch sonst mischen sich private und öffentliche Elemente; z. B. die zu Puteoli gefundene Inschrift Bruns I p. 303 No. 117 ist ein Beschluss des Rats von Puteoli, betrifft aber einen privatrechtlichen Vertrag, den die Gemeinde schliesst.

II. · Die Hauptform der römischen Privaturkunde klassischer Zeit ist die der Zeugenurkunde *(testatio)*, bei welcher eine Erklärung vor den Zeugen abgegeben und von ihnen durch Siegelung der Urkunde als geschehen bezeugt wird. Derjenige, gegen welchen die Urkunde, z. B. ein Schuldbekenntnis, beweisen soll, kann sie schreiben oder schreiben lassen. Sie kann die Erklärungen der Beteiligten in dritter Person protokollieren: *Ille emit, mancipioque accepit, fide rogavit; ille fide promisit, fide sua esse iussit, accepisse et habere se dixit* (Bruns I p. 288 No. 105). Es kann aber auch der Aussteller in erster Person schreiben: *scripsi me accepisse* oder ein dritter statt seiner: *scripsi rogatu illius eum accepisse* (Bruns I p. 316 sqq.). In derselben Weise kann ein anderer Vorgang als von den Zeugen wahrgenommen protokolliert werden; deshalb eignet sich die Zeugenurkunde auch als beglaubigte Abschrift einer anderen Urkunde. Sie bezeugt dann, dass die Zeugen ein Schriftstück des Inhalts vor sich gesehen haben, wie es die Abschrift wiedergibt (Bruns I p. 350 No. 149 vgl. ob. S. 16, 41).

Die Urkunde wird in wachsüberzogene Holztäfelchen eingeritzt, von denen 2 *(diptychon)*, 3 *(triptychon)*, oder mehr verbunden werden. Die Beurkundung durch die Zeugen, deren Zahl schwankt, geschieht in der Weise, dass sie ein Siegel auf die Schnur setzen, mit welcher die die Urkunde tragenden Tafeln, die Schrift nach innen, verschlossen werden. (Vgl. Paul. 5, 25, 6.) Dem Siegel wird der Name des Zeugen zugeschrieben (er braucht es nicht selbst zu thun). Im Notfall wird die Urkunde vor Gericht vorgelegt; die Zeugen haben sich zu erklären, ob sie die Siegel als die ihrigen anerkennen, und wird dies bejaht, so haben sie damit zugleich bezeugt, dass der Vorgang, welcher in der Urkunde niedergelegt ist, sich vor ihnen abgespielt hat. Derjenige, welcher die Urkunde zum Zweck des Beweises gegen sich aus den Händen gibt, insbesondere der Schuldner, der die Schuldurkunde dem Gläubiger ausstellt, siegelt sie mit, um die einseitige Öffnung der Urkunde durch den Gegner auszuschliessen. Um nicht die Urkunde öffnen und die Siegel zerstören zu müssen, nur um den Inhalt zu lesen, sind die Täfelchen so eingerichtet, dass der Inhalt der verschlossenen Urkunde **auf der Aussenseite** wiederholt wird *(scriptura exterior)*. Die Öffnung ist also nur nötig, um die Übereinstimmung der *scriptura interior* mit der *scriptura exterior* zu beweisen. Die *scriptura exterior* ist aber nicht immer wörtlich mit der *interior* übereinstimmend; z. B. kommen Quittungen vor, deren *scriptura interior* auf *habere se dixit* lautet, während die *scriptura exterior* die Form hat: *scripsi me accepisse* oder *scripsi rogatu illius eum accepisse* (Bruns I p. 318 sq.). Bei letztwilligen Verfügungen, deren Inhalt geheim bleiben soll, fällt die *scriptura exterior* fort.

Eine Anzahl solcher Wachsurkunden aus den Jahren 131

—167 n. Chr. sind (1786—1855) zum Vorschein gekommen aus Goldbergwerken bei Verespatak in Siebenbürgen. Sie handeln von Käufen mit Manzipation, *stipulatio duplae*, Quittung über das Kaufgeld; Darlehn mit Stipulation, *depositum irregulare*, *pecunia constituta*, Dienstmiete, Sozietät, Auflösung eines Collegium Funeraticium (Bruns I p. 288—291. 311—313. 328 sq. 334. 350. 375 sqq.). Zu Pompeji ist 1875 im Hause des L. Cäcilius Jucundus eine Kiste mit Wachstafeln gefunden, fast alle Quittungen über Zahlungen des Jucundus enthaltend, die meisten über, von ihm abzüglich seiner Provision abgelieferte Auktionserlöse; einige über Zahlungen an die Gemeinde Pompeji zu Händen eines Sklaven derselben (Bruns I p. 314 sqq.). 1887 sind noch einige weitere Wachstafeln in Pompeji gefunden (Bruns I p. 291 sqq.).

VIII.

§ 24. Die nichtjuristische Litteratur.

Es ist kein Zweig der Litteratur bei den Römern, der nicht für das römische Recht Ausbeute gewährte. Geschichtschreiber, Dichter, Rhetoren, Redner, Philosophen, Briefschreiber, Grammatiker, Kommentatoren, Notizen- und Anekdotensammler, Fachschriftsteller, Kirchenväter, alle tragen zu unserer Kenntnis des römischen Rechts mehr oder weniger bei, durch Mitteilung und Besprechung von Rechtssätzen, Auszügen aus Juristenschriften, Behandlung von Rechtsfällen, Schilderungen aus dem Rechtsleben, juristische Anekdoten, Verwendung rechtlicher Vorgänge im Bühnenstück, Benutzung von Zügen des Rechtslebens in Satire und Predigt. Nicht zu reden davon, dass überhaupt die ganze Kenntnis der römischen Geschichte und des römischen Lebens, welche uns die Litteratur vermittelt, mittelbar für die Kenntnis des römischen Rechts unentbehrlich ist. Es ist hier nur möglich, auf das besonders Wichtige und auf sonst wenig Bekanntes aufmerksam zu machen.

1. Plautus (254—184 v. Chr.) hat das Recht gern auf die Bühne gebracht, muss aber mit Vorsicht benutzt werden, da man mit dichterischer Freiheit und Anlehnung an griechische Originale rechnen muss. Weniger ergibt und noch vorsichtiger zu benutzen ist Terenz (vgl. *Emilio Costa il diritto privato nelle comedie di Plauto* [Turin 1890]). Bekker, die römischen Komiker als Rechtszeugen, Zeitschr. d. Savigny-Stiftg. B. 13 S. 53 ff. *Costa, il diritto privato nelle comedie di Terenzio, Archivio giuridico,* B. 50 S. 407 ff.

2. M. Porcius Cato, der Vater, auch als Jurist bekannt (§ 12, I, 1), schrieb *de re rustica*, mit Berücksichtigung des Landwirtschaftsrechts (Formeln für Rechtsgeschäfte [Auszug: Bruns II p. 49 sqq.]).

3. M. Terentius Varro, geb. 116 v. Chr., gest. nach 36 v. Chr.: *Rerum rusticarum libri. — De lingua Latina* (Auszug: Bruns II p. 53 sqq.).

4. Eine besonders hervorragende Stellung nimmt ein Cicero (106—43 v. Chr.), der in seinen philosophischen und rhetorischen Schriften und seinen Briefen viel Juristisches bietet und in seinen Reden, vor allem den prozessualen, eine eminente Quelle des Rechtes seiner Zeit hinterlassen hat. In Zivilsachen sind gehalten die Reden *pro Quinctio, pro Roscio Comoedo, pro Tullio, pro Caecina,* in Strafsachen die *pro Roscio Amerino,* die Verrinischen, *pro Fonteio, pro Cluentio, pro C. Rabirio (perduellio), pro Murena, pro Sulla, pro Archia, pro Flacco, pro Sestio, in Vatinium, pro Caelio, pro Balbo, pro Plancio, pro*

C. Rabirio (Repetunden), *pro Milone*. — Ciceros Werke *de republica* und *de legibus* sind nicht Darstellungen des römischen Staats und Rechts, sondern allgemeine philosophische Betrachtungen und gesetzgeberische Vorschläge, aus denen aber über die römische Wirklichkeit vieles zu lernen ist. Vgl. Keller, *Semestrium ad M. Tullium Ciceronem* l. VI. vol. I (l. I—III) Zürich 1851—1853. Bethmann-Hollweg, der römische Civilprozess. B. II S. 782 ff.

5. M. Valerius Probus, Grammatiker (von Tiberius bis Domitian), verfasste eine Schrift über die gebräuchlichen Abkürzungen, zumal in *leges, plebiscita, SCC., legis actiones, edicta perpetua*; von ihr haben wir einen am Schlusse unvollständigen Auszug, der teilweise ergänzt wird durch eine alphabetische Notensammlung einer Handschrift im Kloster Einsiedeln (Kanton Schwyz) (Collect. II p. 141 sqq. Huschke p. 129 sqq.).

6. Valerius Maximus: *facorum et dicorum memorabilium libri novem*, an Kaiser Tiberius gerichtet.

7. Q. Asconius Pedianus (c. 3—88 n. Chr.): Kommentar zu fünf Reden Ciceros; der früher ihm zugeschriebene Kommentar zu den Verrinen ist nicht von ihm und wird jetzt meist als Pseudo-Asconius citiert (Auszug: Bruns II p. 69 sqq.).

8. Quintilianus (c. 35—95 n. Chr.): *institutio oratoria*, besonders für den Prozess wichtig.

9. C. Plinius Caecilius Secundus der Jüngere (62—113 n. Chr.): Briefe, und zwar gehören hierher die Privatbriefe; der Briefwechsel mit Trajan ist § 10, I besprochen.

10. Die Feldmesser, *agrimensores, gromatici (groma* ein Messinstrument): Sex. Julius Frontinus (c. 40—103 n. Chr.), Hyginus, Siculus Flaccus, Balbus unter Trajan;

Agennius Urbicus im 5. Jahrhundert. Eine Sammlung
der gromatischen Schriften, vielleicht aus der Zeit Justinians, in Handschriften des 9. oder 10. Jahrhunderts, enthält auch Auszüge aus juristischen Quellen, so namentlich
den tit. Dig. X, 1 *finium regundorum* aus einer der
Florentina gegenüber besseren Vorlage (Auszüge: Bruns
II p. 88 sqq., vgl. auch Bruns I p. 96). Frontinus ist
zugleich Verfasser einer Schrift *de aqui urbis Romanae*,
wichtig wegen der mitgeteilten Gesetzes- und sonstigen
Urkunden (vgl. Bruns I p. 115).

11. A. Gellius (geb. etwa 130 n. Chr.): 20 Bücher
noctes Atticae (um 170), allerlei schöngeistige und halb-
wissenschaftliche Erörterungen, besonders wichtig durch
die Auszüge aus älteren römischen Juristenschriften.

12. Pompejus Festus um 150 n. Chr. fertigte aus
dem Werke des unter Augustus lebenden Verrius Flaccus
de verborum significatu einen Auszug, der unvollständig
erhalten ist, aber ergänzt wird durch einen weiteren von
Paulus Diaconus (c. 735—797) angefertigten Auszug.
(Alphabetischer Auszug: Bruns II p. 1 sqq.)

13. Nonius Marcellus (2. Hälfte des 3. oder Anfang
des 4. Jahrhunderts): *compendiosa doctrina per litteras*, ein
lexikalisches Werk (Auszug: Bruns II p. 66 sqq.).

14. Servius Honoratus Maurus (2. Hälfte des 4. Jahrhunderts): Kommentator Vergils (Auszug: Bruns II p. 78 sqq.).

15. Q. Aurelius Symmachus (c. 345—415 n. Chr.):
Privatbriefe, seine offiziellen Berichte als Stadtpräfekt vgl. §17.

16. Macrobius (Ende des 4. und Anfang des 5. Jahrhunderts): *Saturnalia* und Kommentar zu Ciceros *Somnium
Scipionis*.

17. Anicius Manlius Severinus Boethius (gest. 524):
Kommentar zu Ciceros Topica (Auszug: Bruns II p. 75 sqq.).

18. Isidorus Hispalensis (gest. 636): *originum (etymologiarum) libri*; besonders das 5. Buch behandelt juristische Kunstausdrücke unter Benutzung alter Quellen, aber sehr wirr (Auszug: Bruns II p. 82 sqq.).

IX.

§ 25. Geltungsbereich des römischen Rechts.
Jus civile und *ius gentium*.

I. Das römische Recht hat das römische Gebiet von Anfang an keineswegs ausschliesslich beherrscht, sondern es galten dort nach dem System der Personalität der Rechte viele Nationalrechte neben einander, die das römische Recht nur in langer Entwickelung und nur unvollkommen verdrängt hat[1]. Das römische Recht geht grundsätzlich von der Anschauung aus, dass die Gesetze des römischen Volks und was ihnen gleichsteht, also ihre *Interpretatio* durch die Juristen und das unter Römern hergebrachte Gewohnheitsrecht, nur für den römischen Bürger geschaffen sind. Dieses Recht ist *ius Quiritium, ius civile populi Romani, ius civile id est ius proprium civitatis nostrae. — Jus civile proprium est civium Romanorum*[2]. Die Nichtrömer, *peregrini*, bindet also das römische Nationalrecht nicht. Es gilt für sie nur, wenn sie es recipiert haben *(adsciscere, fundus fit populus alicuius legis)*[3]. Aber Rom hat das Recht für sich allerdings beansprucht, nach seinem Willen durch seine Gesetze auch die Nichtbürger zu binden. So ist durch das sempronische Plebiszit im J. 193 v. Ch. verordnet, *ut cum sociis ac nomine Latino pecuniae creditae ius idem quod cum civibus Romanis esset*[4]. Die Kapitalisten hatten zur Umgehung der

Zinsgesetze sich hinter bundesgenössischen Gläubigern versteckt, auf welche jene Gesetze nicht Anwendung fanden; jetzt wurden sie auf die Bundesgenossen als Gläubiger der Römer ausgedehnt. Soweit aber eine solche Ausdehnung nicht stattgefunden hat, hat der Nichtbürger am römischen Recht keinen Teil, kann sich nicht einmal nach dessen Sätzen durch Rechtsgeschäft verpflichten oder berechtigen, wenn ihm nicht das *ius connubii* oder *commercii* (wie allgemein den Latinern) oder beides besonders verliehen ist. Der Nichtbürger lebt nach s e i n e m Nationalrecht, seinem *ius civile*[5]). An diesem Nationalrecht hat der Römer seinerseits keinen Teil. Nur diejenigen Peregrinen, welche nach ihrer Unterwerfung unter Rom keinerlei Anerkennung ihrer Rechtsordnung erhalten haben *(peregrini dediticii)*, haben in römischen Augen ein Volksrecht überhaupt nicht, ebenso wie die aus dem römischen Bürgerrecht Ausgestossenen *(capitis deminutio media. — ἀπόλιδες hoc est sine civitate)*[6]). Solche können z. B. ein Testament überhaupt nicht machen, weil dasselbe nach römischer Ansicht stets nach einem bestimmten Volksrecht zu errichten ist[7]).

II. Ausser dem jeweiligen peregrinischen Volksrecht findet aber auf die Peregrinen auch das von Rom in Gestalt der Provinzial- oder Stadtordnung gegebene Recht Anwendung, und soweit der Arm der römischen Jurisdiktion reicht, die entsprechenden Jurisdiktionsedikte. In der Kaiserzeit haben SCC. und kaiserliche Konstitutionen von vornherein keine Bedenken getragen, Vorschriften für alle Reichsangehörigen aufzustellen ohne Unterschied der Nationalität[8]).

III. Ein wichtiger Hebel zur Herstellung der Rechtseinheit auf dem Boden des römischen Reiches und zugleich der inneren Fortbildung des römischen Rechtes war das von den Römern s. g. *ius gentium*. Es musste sich beim Verkehr von Römern mit Peregrinen und von Peregrinen verschiedener Nationalität die Frage aufwerfen, welches der verschiedenen Nationalrechte auf ihre Beziehungen anzuwenden sei. Diese Frage hätte sich von dem Prinzip der Personalität des Rechtes aus durch eine der des heutigen internationalen Privatrechts ähnliche Theorie vielleicht ebenso lösen lassen, wie sie das internationale Privatrecht vom Standpunkte der Territorialität des Rechts aus löst; man hätte Festsetzungen darüber treffen können, wie unter den beteiligten Rechtsordnungen zu wählen sei. Dies haben die Römer n i c h t gethan, sondern s t a t t der beteiligten Nationalrechte ein drittes Recht angewandt, das *ius gentium*.

Dieses tritt mit der Prätention auf, ein Recht zu sein, das bei allen Völkern gelte [9]. In Wahrheit ist es ein in den Edikten der mit der Peregrinenjurisdiktion betrauten Magistrate und in der Theorie der Juristen gebildeter Zweig des römischen Rechts, hat also die formellen Quellen mit dem sonstigen römischen Recht gemein. Der Sache nach war es grösstenteils wirklich gemeinsames Recht der Mittelmeervölker, wird sich freilich auch insoweit unter der Hand der römischen Juristen umgebildet haben; zum Teil aber sind es Sätze des nationalrömischen Rechtes, welche die Römer dem Peregrinenverkehr zugänglich zu machen Anlass fanden *(stipulatio* mit Ausnahme der *sponsio, transscriptio a re in personam* nach sabinianischer Ansicht, *acceptilatio* [10]). Hauptsächlich rechnen die Römer zum *ius gentium* die frei entfalteten Verkehrsobligationen, die Real- und Consensualkontrakte, auch das Precarium, die Bereicherungsklagen [11].

Angewandt wird das *ius gentium* zunächst sein in
Fällen der oben bezeichneten Kollision; dann aber, da es
ja bei allen Völkern gelten sollte, auch unter Angehörigen derselben Nation, und so auch unter Römern. *Quod
civile, non idem continuo gentium, quod autem gentium,
idem civile esse debet* (Cicero)[12]. Zwar wusste man,
dass das einzelne *ius civile* von dem *ius gentium* ab-
weichen könne[13], aber dieses musste jedenfalls beim
Schweigen des Volksrechts Anwendung finden, und ist
auch im Widerspruch mit veralteten Sätzen des römischen
ius civile als Träger der neueren Rechtsideen angewandt worden. Ebenso wird es den Peregrinenrechten gegenüber in der
Hand der Römer oft dazu gedient haben, von ihnen miss-
billigte Sätze des Volksrechts ausser Anwendung zu setzen.

Häufig wird von den römischen Juristen nur ein
Rechtsprinzip wie die Anerkennung der Notwehr[14], oder
ein Institut, wie Sklaverei, Freilassung, Eigentumserwer-
bung durch Okkupation, Alluvion, Pflanzung, Tradition in
das *ius gentium* verwiesen[15], vorbehältlich also der Aus-
gestaltung durch die Nationalrechte. Denn der Sklave
des Peregrinen ist diesem nach peregrinischem, der des
Römers nach römischem Rechte unterworfen, die Freilassung des Römers wirkt anders, als die des Peregrinen
(der vom Bürger Freigelassene wird ja *civis*!); Okkupation und Tradition verschaffen den Peregrinen nicht
römisches Eigentum[16]. Auch ganz allgemeine Pflichten,
wie Religiosität, Gehorsam gegen Eltern und Vaterland,
werden als Sätze des *ius gentium* formuliert[17] oder gar
so ziemlich der ganze Lauf der Welt darauf zurückgeführt[18].
Diese vom praktisch anwendbaren *ius gentium* sich mehr
oder weniger weit entfernenden Ideen bilden die Brücke
zu denjenigen vom *ius naturale*. Vielfach wird, was dem

ius gentium zugeschrieben wird, zugleich als *ius naturale* bezeichnet in dem Sinne, dass das allen Völkern gemeinsame Recht ihnen von der Natur eingepflanzt sei[19]). Von da konnte man mit einem Schritt weiter selbst zu einem Menschen und Tieren gemeinsam angeborenen Rechte kommen, welches dann von dem *ius gentium*, das nur für die Menschen gilt, verschieden ist[20]). Auch abgesehen von der Hereinziehung der Tiere wird aber wohl das *ius gentium* von dem *ius naturale* unterschieden: Ulpian führt die Sklaverei auf *ius gentium* im Gegensatz zum *ius naturale* zurück[21]). Indessen haben die Juristen sich durch solche Spekulationen doch im ganzen nicht in der Auffassung beirren lassen, dass Recht nur ist, was aus den anerkannten Quellen des Rechts hervorgegangen ist.

IV. Kehren wir auf diesen Boden zurück, so hat die Anwendung des römischen Rechts, auch soweit dasselbe als *ius civile* auf den Kreis der Bürger beschränkt blieb, gleichen Schrittes mit der Ausdehnung des Bürgerrechts vordringen müssen.

Caracalla hat, wie es scheint, das Bürgerrecht allen Gemeinden des Reichs verliehen, die es noch nicht hatten. Genau sind die Grenzen seines Erlasses nicht bestimmbar. Ganz aufgehoben ist der Unterschied zwischen Bürgern und Nichtbürgern durch ihn nicht, schon um deswillen, weil auch in der Folge noch das Bürgerrecht verloren, durch gewisse unvollkommene Freilassungen peregrinischer Stand erworben werden, und Nichtreichsangehörige auf dem Boden des Reichs sich aufhalten konnten. Im justinianischen Recht sind zwar jene unvollkommenen Freilassungen beseitigt, die beiden andern eben erwähnten Kategorien von Peregrinen kommen aber noch vor. Freilich war auch innerlich der Gegensatz von *ius civile* und *ius gentium* abgeschliffen, die Institute, welche noch als Privilegium römischer Bürger galten, hatten sich eingeschränkt auf das Familienrecht und das Erbrecht. Für eine Ehe, aus welcher väterliche Gewalt über die Kinder hervorgehen soll, ist Civität beider Gatten erforderlich, das Kind bedarf der Civität, um in väterlicher Gewalt stehen zu können, Vormund sein und bevormundet werden, erben und beerbt werden kann nach römischem Recht auch unter Justinian nur der römische Bürger[22]). Dass aber das römische Recht die Volksrechte auch in seiner justinianischen Fassung nicht ganz verdrängt hat, lehrt die Autorität, welche auch nach Justinian das syrisch-römische Rechtsbuch (§ 17) behalten hat.

¹) Vgl. Mitteis, Reichsrecht und Volksrecht in den östlichen Provinzen des römischen Kaiserreichs. Leipz. 1891. Wlassak, römische Prozessgesetze. II. Abteil. (Leipz. 1891) S. 93 ff. Baron, Peregrinenrecht und Ius Gentium. Leipzig 1892. — ²) Gai. I, I. D. I, 1, 6 pr. I, 1, 9. XLI, 1, 1 pr. Fr. Dosith. § 1. J. I, 2, 1. 2. ³) Cic. p. Balb. 8, 21, 22. Gell. 16, 13, 6. Fest. s. v. Fundus. — ⁴) Liv. 35, 7. — ⁵) J. I, 2, 2. — ⁶) D. XLVIII, 19, 17, 1. — ⁷) D. XXXII, 1, 2. — ⁸) Gai. I, 53. 81. D. XLVII, 12, 13. 5. C. J. VI, 24, 7. — ⁹) Gai. I, 1. D. I, 1, 9. 1, 1, 1, 4. — ¹⁰) Gai. 3, 93, 133. D. XLVI, 4, 8, 4. — ¹¹) Gai. 3, 132. 154. Ulp. fr. Endlicher 1, 2. D. II, 14, 7 pr. § 1. XVIII, 1, 1, 2. XIX, 2, 1. XXV, 2, 25. XLIII, 26, 1, 1. D. I., 17, 84, 1.= ¹²) Cic. de off. III, 17, 69. — ¹³) Gai. 1, 83. D. I, 1, 6. — ¹⁴) D. I, 1, 3. — ¹⁵) Gai. 1, 52. D. I, 1, 4. XLI, 1, 1 sqq. — ¹⁶) Gai. 2,40. — ¹⁷) D. I, 1, 2. — ¹⁸) D. I, 1, 5. — ¹⁹) Cic. de off. III, 5, 23. De harusp. resp. 14, 32. Gai. 1, 1. D. I, 1, 6, 9. XIX, 2, 1. XLI, 1, 1 pr. — ²⁰) D. I, 1, 1, 3. 4. — ²¹) D. I, 1, 4. —²²) J. I, 10 pr. I, 9. I, 12, 1. I, 22, 1. 4. D. XXVIII, 5, 6, 2. XXXII, 1, 2. —

Sachregister.

(Zugleich Erklärung der Citierweisen.)

In diesem Buche ist die s. g. philogogische Citierweise befolgt, welche bei allen Quellen von der grössten zur kleinsten Einteilung absteigt. Der Verfasser ist der Ansicht, dass die altherkömmliche s. g. juristische Citiermethode nicht mehr konserviert werden sollte. In dem Sachregister sind die Buchstaben, mit denen man eine Quelle zu bezeichnen pflegt, im Druck hervorgehoben. Die sonst nötigen Erklärungen über die üblichen Anführungsweisen sind teils unter den Stichworten der einzelnen Quellen gegeben, teils selbständig in das Alphabet eingeordnet.

Aburnius Valens 77. 82.

Älius Gallus 68.

(Sex.) Älius Pätus 67.

Africanus 83.

Agrimensoren 123.

Alfenus Varus 68.

Altarordnungen 16.

Annotatio 46 f.

Appellatio more consultationis 45.

Aquilius Gallus 67.

Arcadius Charisius 91.

Archivwesen 9. 28. 37. 42. 49.

Aristo 81.

Arrianus 88.

Arrius Menander 88.

Asconius 123.

Atilicinus 80.

Auctoritas iure consultorum 60.

—   patrum 25.

Aufidius Chius 81.

—   Namusa 68.

Authenticae 112. 113.

Authenticum 112.

Basilika 117.

Boethius 124.

Brutus 67.

Bürgerrechtsverleihung 15 f. 129.

Byzantinische Gesetzgebung 117.

—   Rechtslitteratur 117.

C. s. Codex Justinianus.

c.   constitutio, bei Anführung justinianischer Novellen — caput.

Cälius Sabinus 77. 80.

Druck von W. Hoppe, Leipzig.

A. Deichert'sche Verlagsbuchh. Nachf. (Georg Böhme), Leipzig.

Allfeld, Prof. Dr., *Die Entwicklung des Begriffs Mord bis zur Carolina.* Ein rechtsgeschichtl. Versuch. Mk. 2.—

Bechmann, Prof. Dr. A., *Der Kauf nach gemeinem Recht.* I. Teil 12 Mk. — II. Teil, 1 Abt. 10 Mk.

— —, *Das römische Dotalrecht.* 11 Mk. 80 Pf.

Binder, Dr. J., *Die subjektiven Grenzen der Rechtskraft.* Mk. 2.—.

Brinz, Prof. Dr. A., *Lehrbuch der Pandekten.* **3.** Aufl. I. Bd., 1. Lfg. 3 Mk. **2.** Aufl. II. Bd., 1. u. 2. Abt. III. Bd., 1. Abt. à 8 Mk. III. Bd. 2. Abt. 1. Lfg. 2 Mk. 40 Pf. III. Bd., 2. Abt., 2. Lfg. 7 Mk. IV. Bd. 1. Lfg. 5 Mk. 50 Pf. IV. Bd. 2. Lfg. 7 Mk. 50 Pf.

Eheberg, Prof. Dr. Th, *Finanzwissenschaft.* **4.** Aufl. 6 Mk. eleg. geb. 7 Mk.

Festgabe der Göttinger Juristen-Fakultät *für Rudolf von Ihering* zum 50 jährigen Doktor - Jubiläum am 6. Aug. 1892. 4 Mk. 50 Pf.

Hieraus einzeln:

Ehrenberg, Prof. Dr. V., *Die Verantwortlichkeit der Versicherungs-Gesellschaften für ihre Agenten.* 1 Mk. 20 Pf.

Regelsberger, Prof., Dr. F., *Streifzüge im Gebiete des Zivilrechts.* 90 Pf.

Merkel, Prof. Dr. J., *Über die sogenannten Sepulcral-multen.* 1 Mk. 50 Pf.

Frensdorff, Prof. Dr. F., *Die Aufnahme des allgemeinen Wahlrechts in das öffentliche Recht Deutschlands.* 2 Mk.

Gengler, Prof. Dr. H. G., *Germanische Rechtsdenkmäler.* Leges Capitularia Formulae, 12 Mk., Glossar dazu 3 Mk.

— —, *Das deutsche Privatrecht.* **4.** verb. Aufl. 13 Mk eleg. geb. 14 Mk. 80 Pf.

— —, *Deutsche Stadtrechtsaltertümer.* 10 Mk.

— —, *Des Schwabenspiegel's Landrechtsbuch.* Zum Gebrauche bei akadem. Vorträgen. Mit einem Wörterbuch. **2.** Aufl. 2 Mk. 50 Pf.

Hölder, Prof. Dr. E., *Beiträge zur Geschichte des römischen Erbrechts.* 3 Mk. 50 Pf.

— —, *Die Entwicklungsformen des römischen Privatrechts.* Akademischer Antrittsvortrag. 40 Pf.

— —, *Über objektives und subjektives Recht.* 75 Pf.

— —, *Über den Entwurf eines deutschen bürgerlichen Gesetzbuches.* 60 Pf.

Jacoby, Dr. S., *Das Recht der Bank- und Warenkommission* nach dem allgemeinen deutschen Handelsgesetzbuche. 2 Mk. 80 Pf.

Janka, Dr. Karl, *Der strafrechtliche Nothstand.* 4 Mk.

— —, *Staatliches Klagmonopol* oder subsidiäres Strafklagerecht. Eine strafprozess. Abhandlung. 1 Mk.

Lueder, Prof. Dr. Karl, *Grundriss zu Vorlesungen über deutsches Strafprozessrecht.* 4 Mk.

— —, *Grundriss zu Vorlesungen über Deutsches Strafrecht.* Mit einer dem System sich anschliessenden Wiedergabe des Strafgesetzbuches für das Deutsche Reich. **2.** erweiterte u. verb. Aufl. 3 Mk.

Matthiass, Prof. Dr. B., *Die römische Grundsteuer* und das Vectigalrecht. 2 Mk.

A. Deichert'sche Verlagsbuchh. Nachf. (Georg Böhme), Leipzig.

Meyer, Prof. Dr. H., *Die Frage des Schöffengerichts* geprüft an der Aufgabe der Geschworenen. 1 Mk.

— —, *Die Mitwirkung der Parteien im Strafprozess.* Ein Beitrag zur Beleuchtung einer deutschen Strafprozessordnung. 1 Mk. 20 Pf.

— —, *Die Parteien im Strafprozess.* 75 Pf.

— —, *Lehrbuch des deutschen Strafrechts.* **5.** gänzlich umgearbeitete Aufl. 12 Mk., eleg. geb. 13.80 Mk.

— —, *Hamlet und die Blutrache.* Ein Vortrag. 60 Pf.

— —, *Die Willensfreiheit und das Strafrecht.* Ein Vortrag. 60 Pf.

Müller, Dr. E., *Hat der Staat das Recht, die Standesherren zur Einkommensteuer heranzuziehen?* Eine Untersuchung unter spezieller Berücksichtigung der preussischen und bayerischen Verhältnisse. 1.40 Mk.

— —, *Gegen den „groben Unfug" der heutigen Rechtsprechung,* insbesondere den Press- und politischen Unfug. 1895. 1 Mk. 60 Pf.

Roesler, Prof. Dr. H., *Vorlesungen über Volkswirthschaft.* 7 Mk.

— —, *Lehrbuch des deutschen Verwaltungsrechts.* I. Band: Das soziale Verwaltungsrecht. 1. Abth. Einleitung. Personenrecht. Sachenrecht. 8 Mk. 2. Abth. Berufs- und Erwerbsrecht. 10 Mk.

— —, *Über Grundlehren der von Adam Smith begründeten Volkswirtschaftstheorie.* **2.** Aufl. 3. Mk.

v. Scheurl, Prof. Dr. A., *Lehrbuch der Institutionen.* **8.** verb. Aufl. 6 Mk.

A. Deichert'sche Verlagsbuchh. Nachf. (Georg Böhme), Leipzig.

v. Scheurl, Prof. Dr. A., *Die Entwicklung des kirchlichen Eheschliessungsrechts.* Mk. 3.—.

— —, *Das gemeine deutsche Eherecht und seine Umbildung durch das Reichsgesetz vom 6. Februar 1875,* über die Beurkundung des Personenstandes und die Eheschliessung mit besonderer Rücksicht auf die Kirchen-Eheordnung dargestellt. Mk. 6.—

Sehling, Prof. Dr. E., *Die religiöse Erziehung der Kinder* und der Entwurf eines bürgerlichen Gesetzbuches für das deutsche Reich. 90 Pf.

Stammler, Dr. R., *Der Niessbrauch an Forderungen.* Ein Beitrag zur Lehre von den Rechten an Rechten. 3 Mk.

Tinsch, Dr. H., *Das Recht der deutschen Einzelstaaten* bezüglich des Abschlusses völkerrechtl. Verträge mit besonderer Berücksichtigung ihrer Stellung im Reiche. 1 Mk.

— —, *Die Staatsanwaltschaft im deutschen Reichsprozessrecht.* 3 Mk.

— —, *Die Postanweisung* zivilrechtlich betrachtet. 80 Pf.

— —, *Die Pfandbrieffrage in Deutschland* nach ihrem dermaligen Stande und nach dem Entwurfe eines bürgerlichen Gesetzbuches. 80 Pf.

Übersichtstafeln zur Repetition des römischen und des Pandektenrechts. 2 Mk.

Wendt, Dr. O., *Reurecht und Gebundenheit bei Rechtsgeschäften.* Heft 1: Die condictio ex poenitentia. 2 Mk. — Heft 2: Die Reuverträge. 3 Mk.

Wittelshöfer, Dr. M., *Das Pfandrecht* an einer Forderung (pignus nominis). Nach gemeinem Rechte und den neueren Gesetzen dogmatisch bearbeitet. 2 Mk.

www.ingramcontent.com/pod-product-compliance
Lightning Source LLC
Chambersburg PA
CBHW030602270326
41927CB00007B/1012